hänssler

Ruth Heil

Wonach ich mich sehne

Frauen sprechen über Sexualität

Ruth Heil

wurde 1947 geboren. Sie ist Mutter von elf Kindern. Neben ihrer Arbeit in der Eheseelsorge hält sie Seminare und Vorträge. Sie arbeitet im Evangeliums-Rundfunk und bei verschiedenen Zeitschriften mit und ist Autorin zahlreicher Bücher.

Hänssler-Paperback
Bestell-Nr. 394.371
ISBN 3-7751-4371-8

Internet: www.haenssler.de
E-Mail: info@haenssler.de
Umschlaggestaltung: Mehrblick Grafik & Design, Pforzheim
Titelbild: Thinkstock (Portrait of a mature adult female looking off of a porch)
Satz: OADF, Altdorf
Druck und Bindung: Ebner & Spiegel, Ulm
Printed in Germany

ecpa International Member of the Evangelical Christian Publishers Association

Inhalt

Vorwort

Sexualität begegnet uns, wohin wir auch schauen: Auf Plakatwänden, in der Tageszeitung, in der Werbung um Haarwaschmittel, im Supermarkt auf den Illustrierten. Alles scheint sich nur um Sexualität zu drehen. Doch im Alltag gestaltet sich dieser Bereich unseres Menschseins viel komplizierter. Sexualität kann man nicht nach Kuchenrezept herstellen, wenn man zuvor nur die richtigen Zutaten eingekauft hat. Sie hat einen vielfältigen Bezug zu Erlebnissen, Gefühlen, Wünschen und Träumen, ist Drängen und Vermeidung, Begierde und Abscheu. Sexualität ist wie ein Instrument, das gespielt werden will und uns immer wieder daran erinnert, dass wir eine Sehnsucht nach dem Du in uns tragen. Doch der Spieler soll es vorsichtig und liebevoll stimmen, bevor er darauf spielt. Und danach möchten wir Liebeslieder darauf hören, die unsere Seele in Harmonie bringen. Doch viele Instrumentenspieler wissen nicht, wie sie das Instrument stimmen können und manch andere lernen nie, richtig darauf zu spielen.
Und es gibt Instrumente, die sich einfach weigern, sich stimmen zu lassen. Viele Fragen bleiben da offen.
Ich wünsche mir von Herzen, dass viele Frauen eine neue Begegnung mit Jesus Christus haben.
Sein Tod am Kreuz für unser Leid und unseren Mangel war nicht umsonst. Mögen wir neue Befreiung erleben, um unser Frausein anzunehmen mit allen Weiten und allen Begrenzungen, die uns das Leben auferlegt.

Mögen Sie tiefe Erfüllung in Gott erfahren, trotz ungeklärter Fragen.

Ruth Heil

P. S.: Briefe und Gespräche von Frauen und Ehepaaren sind von mir verändert, sodass Namen und Daten nicht erkannt werden. Bewusst habe ich den Stil von Frage und Antwort gewählt, um mit Ihnen – soweit möglich – „ins Gespräch" zu kommen.
Das Thema „Missbrauch" habe ich in diesem Buch ausgeklammert. Dieses Thema ist so sensibel und umfassend, dass dafür eine Extra-Buch nötig wäre. Bei den Literaturhinweisen sind Bücher zu diesem Thema aufgelistet.

Einführung

Gefühle einer Frau hängen häufig davon ab, wie andere mit ihr umgehen. Wer verheiratet ist, bezieht dies hauptsächlich auf den Umgang mit dem Ehepartner. Wenn die Gefühle stimmen, kann die Frau sich öffnen. Dies wird dann auch das Tor sein, durch das sie gehen kann, um Sexualität zu fühlen. Geht der ihr nahe Mensch unsensibel mit ihr um, fühlt sie sich blockiert wie ein Auto, das mit angezogener Handbremse fahren will. Die Frau kommt im Alltag nicht zurecht, fühlt sich saft- und kraftlos. Nachts liegt sie wach und leidet. Manche Frauen haben in solchen Momenten sogar Selbstmordgedanken.

Der weniger harmoniebedürftige Mensch kann mit demselben Problem meist trotzdem gut schlafen. Er braucht nicht alles gleich geklärt zu haben. In der Ehe stimmt für ihn die Beziehung trotz Schwierigkeiten, solange noch Intimität vorhanden ist.

Der verheiratete Mann hat sich in der Regel mit den Krisen seiner Frau abgefunden. Er weiß, was jener Mann mit den Worten ausdrückte: „Jede Frau hat drei Tage im Monat eine Krise in ihren Gefühlen, bedingt durch den Zyklus. Da muss man einfach durch. Das gibt sich in der Regel allein wieder.“ Häufig nimmt er deshalb Krisen nicht ernst.

Selten versteht er überhaupt, was die Frau redet oder mit ihm besprechen will.

Gefragt auf einem Eheseminar, was der Mann denkt oder empfindet, wenn seine Frau „ein Gespräch mit ihm möchte“, reagierten die meisten Männer mit Vorsicht, wenn nicht gar mit Angst, obwohl alles lustig verpackt schien. Viel Gelächter, aber aus dem Inhalt sprach Hilflosigkeit, Angst und Vorsicht vor der Frau.

Doch viele Frauen brauchen das Gespräch, um Nähe zu entwickeln, aus der heraus sie dann auch Sexualität wollen.

Die verheiratete Frau sucht im Herzen des Mannes die Resonanz ihrer Liebe

Männer können häufig nicht begreifen, um was die Frau streitet. Tief drinnen will die Frau wissen, was sie ihm bedeutet. Sie sucht ihren Platz an seinem Herzen – und sie erntet Streit, weil sie diese Sehnsucht meist als Vorwurf formuliert. Häufig kann sie nicht wirklich ausdrücken, was sie genau möchte. Sie spürt eher das Nicht-eins-Sein mit ihm, hat das Gefühl, dass er innerlich nicht bei ihr ist. Frauen wollen Liebe spüren. Erst danach sehnen sie sich nach Nähe und Sexualität.

Da die meisten Frauen beziehungsorientiert sind, münzen sie auch die Laune des Mannes auf sich. Doch die ungute Stimmung des Mannes hängt oft mit dem Beruf, mit Rivalitäten, mit Bevorzugungen, mit ungelösten Geschäftsproblemen, mit der Angst um die Arbeitsstelle zusammen. Gerade für den jungen Mann steht die Karriere meist vor der Familie. Er muss sich selbst beweisen, dass er gut ist. Die Angst, die Familie finanziell nicht versorgen zu können, spielt bei ihm eine weit größere Rolle als bei der Frau. Für die Frau wirkt er dadurch oft fremd und abweisend. Er will auch nichts von sich mitteilen. Zum einen reicht es ihm, im Geschäft Geschäftliches zu reden und nicht noch zu Hause davon verfolgt zu sein, zum anderen möchte er sich keine Blöße geben, wenn er mit etwas nicht zurechtkommt. Was seine Frau dann mit ihm redet, scheint ihm unwichtiger Alltagskram zu sein.

Wenn sie gar über Gefühle spricht, versteht er die Welt nicht mehr. Was will sie nur? Es ist doch alles in Ordnung.

Eine Frau braucht beide Ohren des Mannes, um ihren Platz an seinem Herzen zu finden. Sie muss einfach wissen, dass sie ihm wichtig ist. Sie muss sich sicher sein, dass er sie liebt.

Frauen sind versuchbar gegenüber anderen Männern, wenn sie jemanden finden, der ihnen zuhört und ihnen Wertschätzung entgegenbringt.

Frauen haben Sehnsucht nach Geborgenheit. Sie sind letztlich auf der Suche nach dem Herzen ihres Mannes.

Du,
wie glücklich war ich damals, als wir heirateten.
Mit einer tiefen Freude war mein Herz erfüllt,
ein ganzes Leben an deiner Seite zu verbringen.
Ich konnte es kaum abwarten, mit dir zu leben,
jeden Tag neben dir aufwachen zu dürfen.
Damals wollte ich dich auf Händen tragen, alles für dich tun.
Aber inzwischen sind Wochen, Monate und Jahre vergangen.
Immer mehr Enttäuschungen folgten.
Verletzung häufte sich auf Verletzung, Traurigkeit auf Traurigkeit.
Manchmal meinte ich, dich nicht mehr lieben zu können.
Ich war so verwirrt von deinem Handeln und Reden.
Es hat so wehgetan.
Aber sicher habe ich auch dich verletzt, manchmal bewusst und sicher oft,
ohne dass ich es wusste und merkte, dir wehgetan,
durch meine Worte und Reaktionen.
Wie oft warst du von mir enttäuscht, traurig über mich.
Du, ich möchte dich von Herzen bitten:
Vergib mir alles, womit ich dich betrübt habe!
Es tut mir von Herzen Leid.
Vergib mir, wo ich deine Gefühle nicht ernst genommen habe,
verzeih mir, wo mir andere Dinge wichtiger waren als du.
Und auch ich will dir vergeben.
Ich will meine Bitterkeit aufgeben und dafür zulassen,
dass Gott an mir arbeitet.
Ich nehme dich heute neu als meinen Ehepartner an.
*Ich sage **Ja** zu dir.*
Lass uns mit Gottes Hilfe Schritte aufeinander zugehen.
Ich liebe dich!

Ruth Heil

Auch die allein stehende Frau sucht das Herz eines Menschen, der ihr zugeneigt ist

Häufig sucht sie vergebens ihren Platz in Familien oder bei Ehepaaren. Diese Randposition, die sie schmerzlich empfindet und durch Aktivität zu füllen versucht, gibt ihr häufig das Gefühl, nirgends dazuzugehören, nicht vermisst zu werden, wenn sie fehlt.
Nie verheiratet empfindet sie ihre Sexualität eher als Last, da das Gegenüber fehlt, mit dem sie diesen Teil des Lebens sinnvoll gestalten könnte. Sehnsucht nach dem Du überfällt sie, wenn sie glückliche Ehepaare sieht. Voller Not sieht sie, wie Paare Kinder bekommen, die sie oft gar nicht wirklich so lieben, wie sie das tun würde.
Die unverheiratete Frau leidet und darf dieses Leid oft gar nicht so äußern, da ihr ab einem bestimmten Alter unterstellt wird, sie sei zu wählerisch oder habe sich ja so entschieden.

Die verwitwete Frau ist entwurzelt und braucht eine neue Standortbestimmung

Trat sie zuvor als Ehepaar auf, so ist sie ohne die Funktion ihres Mannes jetzt nur noch wie der Nachruf von ihm. Plötzlich wird sie zur bemitleidenswerten Person und muss neu ihre Stellung definieren in Familie und Gemeinde. Der Verlust des Ehepartners führt häufig zum Verlust der eigenen Identität. Die Trauer bewirkt zusätzliche Isolation und Rückzug in Verzweiflung.
Und mit wem könnte man darüber reden?
Sexualität, die zum Leben gehörte, bleibt wie ein weher Ruf, der ohne Antwort verhallt.

I.

Ungestillte Sexualität: Der heimatlose Mann

Trieb hat noch nichts mit Liebe zu tun.
Zärtliche Gefühle sind aber auch nicht der alleinige Gradmesser der Liebe.
Liebe zeigt sich darin, wie tragfähig ich bin
für die Andersartigkeit des anderen.
Gefühle müssen geordnet werden.
Liebe will gelernt sein.

Er will Sex, sie nur in den Arm genommen werden

Frau P. ist erst seit vier Jahren verheiratet. Die Gefühle füreinander lassen immer mehr nach. Stattdessen haben sich Vorwürfe, Hassgefühle und Streit breit gemacht: „Mein Mann ist ein dynamischer Mensch. Er setzt sich voll im Beruf ein und hat als junger Mensch schon eine hohe Verantwortung. Unter der Woche ist er oft auswärts unterwegs und kommt erst zum Wochenende hin nach Hause.
Ich bin auch berufstätig. Trotz meiner Ehe hänge ich noch stark an meiner Mutter und bespreche alles mit ihr.
Kommt mein Mann am Wochenende heim, habe ich hohe Erwartungen an ihn. Er muss fühlen, was ich brauche, sei es Umarmung oder ein liebevoller Blick. Auf keinen Fall soll es gleich zu sexuellen Berührungen kommen. Er soll mich einfach nur lieb haben. Im Bett will ich in seinen Armen einschlafen, aber nichts weiter. Ebenso müsste er den Überblick haben, was im Haus von ihm in Angriff genommen werden muss.
Nähere Berührungen sollten dann erst am nächsten Tag stattfinden, weil ich mich erst wieder an ihn gewöhnen muss. Bevor ich mehr Nähe zulasse, müssen alle anstehenden Arbeiten erledigt sein.
Wenn das Wochenende zusammenfällt mit der fruchtbarsten Zeit in meinem

Zyklus, will ich aber noch am selben Abend Intimität, denn ich wünsche mir ein Kind. Doch dann verweigert er sich häufig und sucht gar keine Nähe. Er will kein Kind, wenigstens jetzt noch nicht."

Ihr Mann sehnt sich die ganze Woche nach Ihnen. Er malt sich aus, wie schön es sein wird, Ihnen zu begegnen, Sie zu berühren. Kommt er schließlich heim, freut er sich auf Sie mehr als auf die gut vorbereitete Mahlzeit.
Das hat nicht primär mit Trieb zu tun, sondern mit der Sehnsucht nach dem geliebten Menschen. Da er Sie so lange vermisst hat, ist sein Bedürfnis nach Nähe auch besonders groß.
Voller Vorwurf, mit trotzigem Gesicht, meint die Frau: „Dann ist es doch genug, dass er mich in den Arm nimmt!"
Männer empfinden Heimat im Schoß der Frau, nicht nur in ihren Armen. Für Ihren Mann ist dort sein Daheim, wo er sich von Ihnen angenommen vorkommt, auch in seiner Sexualität.
Die Frau kann das kaum glauben. Weil sie ihm so wichtig ist, deshalb sucht er Sexualität?
Ja, er will Ihnen beweisen, dass er mit Ihnen eins sein will. In der Berührung will er Ihnen seine Zuneigung schenken. Mit niemandem sonst will er so viel Nähe leben als mit Ihnen.
Seine Sexualität soll Ausdruck seiner Liebe sein? Ja! Genau deshalb ist er vielleicht auch manchmal eifersüchtig. Er begreift nicht, warum Sie nicht ebenso Sehnsucht nach intimer Nähe haben wie er. Manchmal fragt er sich, ob Sie einen anderen haben. Aber warum sollten Sie?
Manchmal möchten Sie auch gleich intim sein, wenn er heimkommt? Es ist für Sie schlimm, wenn Ihr Mann sich Ihrem Wunsch nach einem Kind verweigert. Es kommt Ihnen vor, als wolle er nur das Vergnügen in der Sexualität, ohne die Folgen zu akzeptieren.
Wahrscheinlich hat er Ängste, dass Sie sich dann nur noch auf das Kind konzentrieren werden. Er fürchtet, dass, wenn das Kind erst einmal da sein wird, gar keine Sexualität mehr gelebt werden wird. Wenn Sie ihn nur zu Nähe einladen, wenn ein Kind entstehen könnte, hat er das Gefühl, nicht um seiner selbst willen geliebt zu werden. Er meint dann nur Mittel zum Zweck zu sein. Auch die Beziehung zu Ihrer Mutter muss sich verändern. Sie darf nicht länger die Vertraute für Sie sein, die über alles Bescheid weiß, was in der Ehe läuft. Die Einheit zwischen Mann und Frau muss in den Vordergrund treten.

Reden Sie mit Ihrem Mann! Und bemühen Sie sich neu umeinander. Versuchen Sie, mehr auf ihn einzugehen. Vielleicht kommt an einem Wochenende vieles dazwischen. Aber geben Sie trotzdem nicht auf!
Seien Sie kreativ und entwickeln Sie Ideen, wie Sie Ihrem Mann das Gefühl von Heimat geben können. Zeigen Sie ihm, dass er auch ohne den „Zweck" einer Schwangerschaft willkommen ist. Ihr Mann wird sich öffnen – und irgendwann wird auch in ihm der Wunsch nach einem Kind wach.

Zum Weiterdenken:
Die Frau sucht in der Regel Verstandenwerden im Gespräch,
bevor sie körperliche Nähe will.
Der Mann sucht oft erst körperliche Nähe,
bevor er sich auf ein Gespräch einlassen kann.

Wenn sie nicht möchte ...

Das Ehepaar hat drei kleine Kinder. Die Frau ist abends zu fertig, um sich für ihren Mann zu öffnen. Sie möchte nur schlafen dürfen. Wieso will ihr Mann immer etwas von ihr? Kann er sich nicht beherrschen?
Sie will gestreichelt werden, das genügt ihr. Und vor allem will sie mit ihm sprechen, was sie den Tag über bewegt hat. Aber das will er gar nicht hören ...

Jedes Kind ist ein Segen von Gott, aber auch eine Herausforderung. Kinder nehmen alles, was sie von ihren Eltern bekommen an Zeit, Kraft, Zuwendung und Zärtlichkeit. Und Mütter geben in der Regel alles, was sie haben. Wenn es Abend wird, ist die Frau oft ausgepowert und kaum zu mehr fähig, als noch ins Bett zu sinken, um zu schlafen.
Die Kommunikation mit Kleinkindern ist nicht befriedigend, was den Gedankenaustausch angeht. Deshalb sucht die Frau im Mann den Gesprächspartner, den sie tagsüber vermisst. Zärtlichkeit und Umarmung durch die Kinder hatte sie genügend!

Aber auch die Mutter von Teenagern braucht im Ehemann den Gesprächspartner, um aufzuarbeiten, was sie an Konflikten mit den Kindern im Lauf des Tages erlebt hat. Oft ist auch sie zu erschöpft, um noch Nähe mit dem Mann zu wollen.

Das Dilemma ist, dass die Kinder eines Tages gehen werden, der Ehepartner aber bleiben wird. Wenn die Kinder zum Mittelpunkt der Familie werden, gehen sich die Partner verloren. Wenn die Kinder schließlich gegangen sein werden, bleiben zwei Menschen zurück, die sich nichts mehr zu sagen haben. Die Partnerschaft muss Vorrang haben vor den Kindern. Ehe muss gepflegt werden, um keine Schäden zu bekommen. Ohne Sexualität verlieren sich beide.

Zum Weiterdenken:

Wenn keine körperliche Nähe mehr gepflegt wird, verliert man das Gefühl füreinander. Gefühl bleibt lebendig durch Fühlen und durch Austausch.

Sie hat keine Lust auf Sex

„Ist meine Frau normal?", fragte ein junger Mann, der mit seiner Frau zur Beratung gekommen war. „Jedes Mal, wenn ich von der Arbeit nach Hause komme, will ich von ihr wissen: ‚Was hat dich heute beschäftigt?' Ich mache das einfach aus Interesse, um zu erfahren, was in ihr vor sich geht. Aber irgendwie bin ich mit der Zeit frustriert. Ich würde so gerne mal hören: ‚Ich habe daran gedacht, dass du nach Hause kämst und würdest mit mir direkt ins Bett wollen.' Doch so etwas kam noch nie. Wieso denkt sie nie darüber nach? Bin ich so wenig anziehend? Was stört sie an mir? Oder ist sie in diesem Bereich einfach nicht normal?

Wenn ich im Geschäft Pause mache und ein wenig Zeit zum Nachdenken habe, stelle ich mir vor, wie schön es mit ihr jetzt im Bett wäre. Wieso denkt sie das nie?"

Frauen, die ohne Vorerfahrung in die Ehe gegangen sind, leben Ehe ganzheitlich. Für sie ist es genauso wichtig, dass ihr Mann liebevoll mit den Kindern oder mit ihr umgeht, wie mit ihm intim zu sein.

Wenn der Bereich der intimen Nähe durch wiederkehrende Begegnungen gedeckt ist, erlebt solch eine Frau den Alltag asexuell. Sie liebt ihren Mann, versucht ihm Freude zu bereiten, ihm Dinge abzunehmen und will damit ihre Liebe zeigen. Erst wenn sie ihm im Bett begegnet, öffnet sie sich für diese Art Gefühle. Dabei braucht sie oft eine Anlaufzeit, um sich dafür bereitzumachen und Empfindungen zuzulassen. Sie muss sich buchstäblich darauf einlassen, weil sie innerlich das Ungeklärte zuerst lösen muss, das vom Tagesgeschehen noch auf ihr lastet.
Häufig dauert der Vorlauf zum Orgasmus auch viel länger als beim Mann. Während der Mann eher ein Bergsteigertyp ist, der relativ schnell dazu kommen kann, pflückt die Frau noch die Blumen am Wegrand, um sich auf die Bergtour einzustellen. Manchmal ist sie gerade am Berg angekommen, wenn der Mann schon wieder mit dem Abstieg beginnt. Mit ihren beginnenden Gefühlen wird sie dann oft vom Mann allein gelassen, da dieser schon seine Befriedigung hatte.
Der Mann, der danach oftmals ein großes Ruhebedürfnis hat, schläft müde ein. Sie aber bleibt enttäuscht zurück. Kein besonderer Anreiz, um sich auf ein nächstes Mal zu freuen ...
Eigentlich sollten Sie jedes Mal neu um Ihre Frau werben. Prüfen Sie, ob Sie sich um die Gefühle Ihrer Frau genügend kümmern. Zeigen Sie Ihrer Frau schon am Morgen, bevor Sie ins Büro gehen, Ihre Wertschätzung und setzen Sie Zeichen der Liebe. Bringen Sie ihr eine Rose mit, auch ohne Anlass. Sagen Sie Ihr, dass Sie sie lieben, auch wenn das für Sie klar ist und eigentlich nicht gesagt werden müsste.

Zum Weiterdenken:

Nehmen Sie sich Zeit, ihr zuzuhören.
Frauen entwickeln Gefühle oft über ihre Ohren.
Durch liebevolles Zuhören erreichen Sie das Herz Ihrer Frau.
Und wer das Herz einer Frau hat, besitzt sie ganz.

Ich empfinde selten Lust, mit meinem Mann zu schlafen

Eigentlich denke ich fast nie über Sexualität nach. Wenn wir dann mal wieder zusammen sind, geht es oft so schnell, dass ich erst anfange, etwas zu empfinden, wenn mein Mann schon einen Orgasmus hatte.

Viele verheiratete Frauen fühlen ihre Sexualität nicht. Nur wenn sie sehr lange ohne körperliche Nähe lebten, empfinden sie Sehnsucht danach. Vor allem bei Überforderung erscheint der Frau Sexualität eher als Last denn als Beglückung. Bei Frauen, die kleine Kinder haben, ist das Nähebedürfnis oft gedeckt. Sie wollen sich lieber mit dem Mann austauschen als Sex haben.
Trotzdem berichten viele Frauen, dass eine Begegnung mit ihrem Mann, die sie eher zugelassen als gewollt hatten, oft zu einem erfüllenden und schönen Erlebnis wurde.
Wenn ein Mann aber nur selten bei seiner Frau ist, ist der sexuelle Druck oft so stark, dass er sich innerlich kaum auf seine Frau einlassen kann. Dann gleicht diese Begegnung eher einer Abreaktion, die zwar nicht „schlimm" ist, aber in der Regel unbefriedigend – auch für den Mann.
Wer sich zu selten begegnet, verliert oft das Gefühl für den anderen. Durch Fühlen entwickeln wir Gefühle.
Es wäre gut, Sie würden einen Terminkalender für Ihre Ehe beginnen.
Finden Sie heraus, wie oft Sie zusammen sein sollten, damit daraus befriedigende Begegnungen werden können.
Warten Sie nicht ab, bis sich wieder zufällig Nähe ergibt. Das ist zu wenig. Wer nur isst, wenn er kurz vor dem Verhungern steht, wird die Nahrung niemals genießen können.

Zum Weiterdenken:

Rat für den Mann: Weg vom rein sexuellen Reiz, hin zum Verstehen der Ehepartnerin!

Rat für die Frau: Weg vom Anspruch, vorher alles bereinigt zu haben, hin zu körperlicher Begegnung!

Ich bat Gott um Feuer

Seit ich Gott kennen gelernt habe, spüre ich oft, wie er zu meinem Herzen spricht. Und das ist manchmal anstrengend. Da hatte ich mich an einem Sonntagnachmittag gerade zu meinem üblichen Schläfchen hingelegt. Ich streckte mich wohlig aus, als die Worte durch meinen Kopf gingen: „Dein Mann hat noch keinen Nachtisch gehabt." Komisch, ich wusste sofort, was damit gemeint war. Wir hatten uns in der Woche zuvor kaum Zeit für Berührung genommen. „Herr", betete ich, „jetzt nicht. Ich bin so müde." Aber es war mir, als würde er mich immer wieder daran erinnern. Ich konnte einfach nicht einschlafen. Schließlich sagte ich: „Herr, wenn du es willst, dann gib mir auch Feuer." Ich stand dann auf und lud meinen Mann zum „Nachtisch" ein. Es wurde eine der schönsten Begegnungen in unserer Ehe. Ich bin froh, dass ich auf Gottes Stimme gehört hatte.

Mir zeigt das, dass Gott unsere innersten Wünsche kennt und sie uns auch vermitteln kann. Für Gott ist Sexualität das Geschenk, mit dem er uns als Paar stärken und beglücken will. Wir dürfen Gott darum bitten, uns neu Freude in der Begegnung zu schenken, ihn bitten, uns Bitterkeit und Verletzungen wegzunehmen, ihn bitten, uns unserem Ehepartner hingeben zu wollen, auch wenn er unvollkommen ist. Im Schenken werden wir Beschenkte werden.

Zum Weiterdenken:

Viele Frauen berichten mir, dass ihre Begegnungen mit ihrem Mann oft nicht mit Lust begannen, aber aus einer inneren Bereitschaft heraus, den anderen beschenken zu wollen. Und dass sie selbst zum Schluss die Beschenkten waren.

Habe ich als christliche Frau die Pflicht, mit meinem Mann intim zu sein?

Wenn wir mehr als zwei Wochen nicht zusammen waren, ist mein Mann gereizt und unmöglich. Dann habe ich keine Lust, ihn überhaupt zu berühren. Manchmal zwingt er mich dann zum Geschlechtsverkehr. Ich fühle mich danach richtig missbraucht und vergewaltigt und lehne ihn umso heftiger ab.

Sexualität ist nicht nur einfach ein Trieb. Sie ist auch eine tiefe Sehnsucht, mit dem Menschen, den man liebt, zusammen zu sein, den Menschen zu berühren, seiner Zuneigung Ausdruck zu geben. Ein Mann, der sich nach seiner Frau sehnt und immer neu das Gefühl hat, ihr nicht wichtig zu sein, hinten anstehen zu müssen, in seinem Bedürfnis nach Nähe nicht verstanden zu werden, fühlt sich oft von ihr betrogen, abgekanzelt, minderwertig. Leider drückt ein Mann das nie so aus. Stattdessen leidet er vor sich hin und fühlt sich mit der Zeit oft wie ein Ertrinkender. Er möchte nicht einfach seinen Trieb durch Selbstbefriedigung abbauen. Er will mit seiner Frau Nähe erleben. Dann kommt es manchmal zu solchen Ausfällen, wie Sie es beschreiben. Dass Ihr Mann dann so weit geht und Sie dazu zwingt, ist sicher falsch. Und dass dabei Ihre liebevollen Gefühle für ihn verloren gehen, ist nur allzu verständlich.

Der Apostel Paulus ermutigt uns allerdings, mehr auf unseren Ehepartner zu achten. Er sagt, dass weder Mann noch Frau ein Recht auf ihren Körper haben (1. Korinther 7,4-5). Damit meint er nicht, dass Übergriffe erlaubt sind. Aber er will damit sagen: Achtet auf eure gegenseitigen Bedürfnisse. Lasst einander nicht hängen, wenn einer nach dem anderen Sehnsucht hat. Schenkt einander Zuneigung, damit ihr liebevoll miteinander umgehen könnt.

Ein Gespräch mit Ihrem Mann würde sicher manches klären können. Aber noch mehr würde helfen, wenn Sie wenigstens einmal pro Woche die Geliebte Ihres Mannes würden. Dann bekämen Sie möglicherweise einen liebevollen Ehemann.

Zum Weiterdenken:

Achtet auf eure gegenseitigen Bedürfnisse.
Lasst einander nicht hängen, wenn einer nach dem anderen Sehnsucht hat.

Normalität?

Muss ich mich immer hingeben, wenn mein Mann Sex will? Und wie viel ist überhaupt normal?

Wenn Ihr Mann zweimal pro Tag mit Ihnen schlafen will, ist das sicher eine Überforderung Ihrer Ehebeziehung. Sexualität ist nicht als Triebabfuhr für Spannungen gedacht, sondern als Begegnung des Ehepaares, um sich einander zu beschenken.

Bei der körperlichen Vereinigung sollte nicht nur die Haut von zwei Menschen aufeinander treffen, sondern auch ihr Inneres. Es braucht Zeit und Gespräch, um sich dem anderen mit seinen Gefühlen und Gedanken mitzuteilen. Da sollte Zeit zur Einstimmung vorhanden sein – mit schöner Musik und Kerzenschein, einem Abendessen zu zweit, einem Spaziergang, einem guten Gespräch. Das gelingt sicher nicht immer. Aber beide dürfen sich darum bemühen.

Natürlich muss dieses Miteinander nicht jedes Mal Stunden dauern. Manchmal reicht beiden Partnern eine Kurzbegegnung, um sich wieder gefühlt zu haben. Wenn etwa arbeitsreiche Zeiten oder sonstiger Stress angesagt sind, ist Sex wie ein kleiner Imbiss zwischendurch, der vor dem Verhungern bewahrt. Solche Begegnungen sind wie eine Scheibe Brot ohne Aufstrich. Dagegen können besonders innige Zeiten wie Sahnetorte sein, die man richtig genießt und sich gerne daran erinnert.

Nicht jede Begegnung, die wunderschön begann, wird schließlich das Erlebnis der Sahnetorte mit sich bringen. Aber auch nicht jede Begegnung, bei der man einen Schnellimbiss einnehmen wollte, endet damit. Mancher wurde schon zum 5-Gänge-Menü. Gott ist so reich, dass er uns manchmal beschenkt, ohne dass wir es erwarten.

Wie oft Sie einander begegnen sollten? Auf jeden Fall so oft, dass jeder von Ihnen satt wird. Martin Luther legt man in den Mund, er habe von zweimal pro Woche gesprochen. Doch daran ist niemand gebunden. Es hängt eher vom Paar selbst ab, mit welchem Maß sich jeder von beiden zurechtfinden kann, beide befriedigt sind. Bei Ihnen kann es mehr oder weniger sein. Aber finden Sie einen gemeinsamen Rhythmus und achten Sie darauf, dass er eingehalten wird. Das bewahrt vor viel Frustration und manchen Missverständnissen.

Zum Weiterdenken:

Die Frau braucht ein inneres Gleichgewicht,
um sich für körperliche Nähe öffnen zu können.
Der Mann braucht Sexualität,
um sich auf das Gespräch mit der Frau einzulassen.
Dabei verliert er die Angst vor ihr, und sie wird ihm die Vertraute.
Die Frau hat von Gott eine Art Schlüssel bekommen
für die eheliche Beziehung.
Er liegt in ihrem Schoss. Wenn sie sich vor ihm verschliesst, verliert er sie
als Zuhause. Wenn sie sich öffnet, findet der Mann Heimat bei ihr.

Der Mann sieht in der Frau etwas Hohes, an das er kaum heranreicht,
er spürt, dass sie weniger in der Sexualität in Versuchung ist als er.
Dadurch erscheint sie ihm manchmal wie eine Heilige.
Aber er will sie gleichzeitig auch als Frau, die ihn begehrt.
Er möchte nicht betteln und nicht der Fordernde sein,
sondern der Geliebte, nach dem sie sich sehnt.
Er will sich seiner Frau in der Sexualität schenken.

Was die Frau vom Mann lernen darf:
Sexualität ist Erfindung Gottes. Sie ist das Geschenk,
einen Menschen berühren zu dürfen, um ihn ganz kennen zu lernen.
Sexualität in der Ehe ist Sehnsucht nach Begegnung und nicht zuerst Trieb.
Jede liebevolle Begegnung hilft beim Zusammenwachsen als Paar.

Was der Mann von der Frau lernen darf: Sexualität braucht Zeit!
Die Frau muss sich innerlich darauf einstellen, ihre Gedanken ordnen,
um sich öffnen zu können.
Für sie ist es nicht zuerst ein berauschendes Erlebnis
mit Entspannung, sondern ein tiefer Vorgang,
bei dem sie der Seele ihres Mannes begegnen will.
Deshalb braucht sie Harmonie und möchte Schwierigkeiten geglättet haben.

II.

Ungestillte Sexualität: Die unbegehrte Frau

Als Frau nicht begehrt

Wir sind seit 40 Jahren verheiratet. Aus Liebe haben wir einander gewählt. Mein Mann ist ein liebenswerter und treu sorgender Ehemann und Vater. Hilfsbereit ist er jedem gegenüber, auch mir. Viele Menschen beneiden mich um ihn.
Doch er braucht anscheinend keine Sexualität. Ich weiß kaum, wie wir zu unseren drei Kindern gekommen sind. Ich leide unsagbar darunter. In früheren Jahren, wenn andere junge Frauen darüber klagten, dass ihr Mann zwei- bis dreimal pro Woche zu ihnen käme, war ich oft ganz eifersüchtig und krank nach Nähe. Manchmal fühlte ich mich wie eine Prostituierte, hätte am liebsten jeden Mann genommen, der dahergekommen ist. Ich schämte mich für dieses Gefühl. Gleichzeitig war ich sauer darüber, dass mein Mann mir diesen Teil der Ehe vorenthielt. Ich fühlte mich nie begehrt oder anziehend für ihn. Dadurch hat mein Selbstwert immer mehr gelitten.

Aus Ihren Worten spricht Bitterkeit und Verzweiflung. Über viele Jahre fühlten Sie sich nicht ernst genommen in Ihren Gefühlen und Bedürfnissen. Vielleicht haben Sie diese nie ausgesprochen, sondern einfach nur gelitten. Möglicherweise weiß Ihr Mann nicht einmal von Ihrem Leid. Er sah Ihre Traurigkeit und ahnte nicht, dass er daran schuld war. Vielleicht nahm er sich sogar in der Sexualität zurück, um Sie nicht zu belästigen?
Sie werden das nur herausfinden, indem Sie mit ihm darüber reden. Verlieren Sie Ihre Scheu und sprechen Sie offen darüber. Machen Sie ihm keine Vorwürfe, aber sagen Sie ihm deutlich, wie sehr Sie gelitten haben und noch leiden. Drücken Sie Ihre Sehnsucht nach Nähe aus und beschreiben Sie, was Sie sich wünschen. Streicheln Sie ihn, auch wenn sonst nichts stattfindet. Massieren Sie seinen Rücken und gewöhnen Sie ihn an Berührung.

Möglicherweise wird Ihr Mann nicht die Reaktionen zeigen, die Sie sich wünschen. Aber zumindest weiß er dann, was Sie fühlen.
Seien Sie nicht enttäuscht, wenn sich nicht gleich etwas verändert.

Zum Weiterdenken:

Geben Sie Ihren Groll bei Gott ab, sooft er Ihnen bewusst wird.
Sie werden Ihren Mann nicht verändern können.
Versuchen Sie die Dinge an ihm zu lieben, die liebenswürdig sind.
Entwickeln Sie einen gesunden Selbstwert in der Abhängigkeit von Gott.
Werden Sie dabei unabhängiger von dem, was Ihr Mann tut oder lässt.
Bitten Sie Gott darum, aus Ihnen die Frau zu machen, die er gewollt hat.

Wir schlafen nur 1 - 2 Mal pro Halbjahr zusammen

Der Mann: *Unsere sexuellen Begegnungen beschränken sich auf 1 - 2 Mal pro halbem Jahr.*
Ich habe als Mann hohe Vorstellungen von diesen intimen Zeiten mit meiner Frau. Auf keinen Fall will ich sie belästigen. Deshalb warte ich darauf, bis meine Frau dazu eindeutige Signale gibt und echt Lust hat. Wenn ich sie zuerst fragen müsste, fühlte ich mich eher so, als würde ich sie damit schon gedanklich vergewaltigen.
Auf der anderen Seite kann ich kaum auf ihre Wünsche eingehen. Sie würde so gerne öfter Zeit mit mir verbringen, einfach nur so. Ich bin aber ein aktiver Mensch, setze mich für andere ein, helfe gerne. Zu Hause bleibt vieles liegen, denn ich will alles allein machen. Und das kostet viel Zeit, die ich oft nicht habe. Da kann ich doch nicht einfach herumsitzen, um mit meiner Frau über Belangloses zu reden!

Die Frau: *Wenn ich meinen Mann mit anderen Ehemännern vergleiche, sticht es mir ins Herz. Da verbringen Paare ganze Wochenenden miteinander, sitzen am Abend auf der Couch. Mein Mann ist immer auf Achse. Wenn jemand ihn ruft, ist er sofort unterwegs. Er hat keine Ruhe in sich. Über Gefühle zu reden, ist für ihn vergeudete Zeit. Ich fühle mich so im Stich gelas-*

sen, so allein in unserer Ehe. Wir sind allenfalls ein gutes Arbeitsteam, aber kein Ehepaar.

Sie haben einander buchstäblich aus den Augen verloren. Da ist eine große Sehnsucht zueinander.
Als Mann suchen Sie Ihre Frau in der körperlichen Gemeinschaft, um sie zu beschenken und mit ihr eins zu werden. Doch Sie haben den Eindruck, nur selten willkommen zu sein. Sie wünschen sich Nähe in Form von Zärtlichkeit. Aber weil Ihre Frau diese Nähe eher vermeidet, meinen Sie, nicht wirklich gewollt zu sein. Wieso sollten Sie dann Belangloses mit ihr reden, wenn Sie doch nichts wirklich verbindet?
Als Frau suchen Sie Ihren Mann im Alltag als Gesprächsgegenüber. Sie wollen sich mit ihm austauschen, um zu spüren, dass er sich für Sie interessiert. Es ist Ihnen wichtig, dass er weiß, was Sie denken und was Sie bewegt. Aber das scheint für ihn eher langweilig zu sein. Andere Menschen drängen sich dazwischen. Sie scheinen für Ihren Mann wichtiger zu sein als Sie. Das betrübt Sie. Sie haben es aufgegeben, ihm Ihre Gefühle mitzuteilen. Und deshalb brauchen Sie auch seine Nähe nicht. Sie sind sich ohnehin fremd geworden.
Falsche Erwartungen führen zu wiederkehrenden Enttäuschungen.
Jeder von Ihnen kommt dabei zu kurz. Sie als Mann haben den Eindruck, für Ihre Frau uninteressant zu sein. Sonst würde Ihre Frau öfter das Signal nach Nähe aussenden. Wenn Ihre Frau nun ohnehin keine Zärtlichkeit will, warum sollten Sie dann nicht wenigstens Ihre Kraft für andere einsetzen?
Wenn Ihr Mann durch sein ständiges Für-andere-da-Sein zeigt, dass andere wichtiger sind als Sie, warum sollten Sie dann einander berühren?
Fangen Sie neu an, sich für Ihren Ehepartner zu interessieren! Begegnen Sie sich auf der Ebene, die dem anderen vermittelt, dass er für Sie wichtig ist. Es genügt nicht, einzuklagen, was einem fehlt!
Sie brauchen als Mann nicht das Bedürfnis zu haben, mit Ihrer Frau am Abend auf der Couch ein Gespräch zu führen. Doch Sie sollten es tun, um Ihrer Frau zu zeigen, dass es Ihnen wichtig ist, weil sie das braucht.
Sie müssen als Frau nicht zuerst Lust entwickeln, um Ihren Mann ins Bett einzuladen. Geben Sie das Signal, Nähe zu wollen, um Ihrem Mann zu vermitteln: Deine Gefühle nehme ich ernst.

Warten Sie nicht auf irgendeine Erleuchtung. Ehe besteht im Geben und Nehmen. Wenn niemand mit Geben beginnt, wird keiner von Ihnen Erfüllung finden.

Hausaufgaben:
Für die Frau: 1 Mal pro Woche legt die Frau einen Tag fest, an dem sie miteinander schlafen. Sie lädt ihren Mann dazu ein.
Für den Mann: 2 Mal pro Woche setzt er sich zu ihr. Das Telefon wird abgestellt, ebenso die Haustürklingel. Er hört zu und schaut sie dabei immer wieder an. Beginnend mit 10 Minuten, steigert er die Zeit jedes Mal, bis er auf eine halbe Stunde kommt.

Zum Weiterdenken:

Gefühle sind wie Blumen. Sie sterben ab, wenn sie nicht ernährt werden. Aber sie können neu zur Blüte kommen, wenn wir sie regelmäßig giessen.

Er ist ein Workaholic

Mein Mann ist aktiv in Beruf und Gemeinde. Überall ist er begehrt und geehrt. Auch zu mir und unseren beiden Kindern ist er gut. Leider ist er im Bereich der Sexualität kaum ansprechbar. Er scheint nie Zeit dafür zu haben, und wenn Zeit da sein könnte, drückt er sich davor.
Ich bin ganz ausgehungert nach Nähe und warte abends oft darauf, bis er nach Hause kommt. Aber dann hat er noch alles Mögliche zu tun, was ihm wichtiger ist als ich. Ich fühle mich wie ein Gegenstand in der Wohnung, der da zu sein und zu funktionieren hat.
Im Bereich von Nähe und Zärtlichkeit fühle ich mich nicht ernst genommen und bin richtig leer. Wenn ich meinen Mann darauf anspreche, fühlt er sich kritisiert und zieht sich noch weiter zurück.
Haben wir dann gelegentlich einmal Sex miteinander, findet er es wunderschön und meint danach manchmal seufzend: „Warum machen wir das eigentlich nicht viel öfter?"

Reden Sie nicht länger mit ihm darüber! Verführen Sie ihn lieber! Hören Sie auf, ihm Vorträge zu halten, die für ihn wie Vorwürfe klingen. Legen Sie sich lieber nackt neben ihn ins Bett oder wärmen Sie es für ihn vor, bis er kommt. Sagen Sie ihm, wie sehr Sie seine Nähe genießen, bewundern Sie ihn wegen seiner Arbeit.

Ziehen Sie sich nicht beleidigt zurück, wenn nicht so viel Nähe kommt, wie Sie sich wünschen. Nehmen Sie die Aufgabe wahr, die Gott Ihnen gegeben hat: Gehilfin zu sein. Ihr Part in der Ehe ist der, dass Nähe zustande kommt. Sonst würden Sie sich in Ihrer Ehe über kurz oder lang verlieren. Fühlen Sie sich nicht komisch oder minderwertig, wenn Sie für diesen Bereich Ihres „Ehegartens" zuständig sind, auch wenn es in anderen Ehen umgekehrt sein mag. Wichtig ist nicht, wer diesen Teil übernimmt, sondern dass er gepflegt wird.

Ehe braucht körperliche Nähe und Gespräch. Wenn eines von beiden fehlt, leidet die Eheperson Mangel, die gesamte Eheperson, die aus Ihnen beiden besteht. Denn wenn ein Glied leidet, so leiden alle (1. Korinther 12,26). Das gilt sowohl für die Gemeinde als auch für die kleinste Form der Gemeinschaft, die Ehe.

Verlieren Sie Ihre Angst vor Zurückweisung! Nehmen Sie in diesem Punkt Ihrer Ehe Ihre Gabe und damit Ihre Aufgabe wahr. Sie brauchen sich nicht schlecht und nicht komisch zu fühlen, wenn Sie gottgewollt Sexualität leben wollen.

Zum Weiterdenken:

Männer suchen in der Regel bei Beziehungsangelegenheiten kein Gespräch und wollen darüber auch keine Diskussionen führen. Sie reagieren weniger abweisend, wenn Frauen einfach zu handeln beginnen, statt über etwas zu diskutieren oder es einzuklagen.

Mein Mann begehrt mich nicht

Es ist für mich eigentlich unbegreiflich. Für andere Männer bin ich offensichtlich attraktiv. Ich bekomme Komplimente und habe den Eindruck, dass ich eine gute Figur abgebe. Aber mein Mann wird nur sehr selten intim mit mir. Wenn meine Bekannte manchmal Andeutungen macht, dass es ihr lästig sei, wie oft ihr Mann mit ihr schlafen wolle, nicke ich oft nur mit dem Kopf, als würde ich sie verstehen. In Wirklichkeit macht sich eine tiefe Trauer in mir breit. Was mache ich nur verkehrt?
Ich habe schon alles Mögliche versucht, meinen Mann zu verführen. Aber er täuscht immer nur Müdigkeit vor, vertieft sich in Fachzeitschriften, will im Bett nicht gestört werden, wird fast ärgerlich, wenn ich mich an ihn schmiege.
Andere Frauen beneiden mich. Mein Mann ist ein Familienmensch, spielt mit den Kindern, kauft ein, ist freundlich zu jedermann. Ich finde das echt gut. Aber ich kann nicht begreifen, warum er mich nicht berühren will.
Es gibt Momente, in denen ich so ausgehungert bin, dass ich mir vorstelle, wie das mit einem anderen Mann wäre. Dann schäme ich mich sehr dafür. Außerdem spüre ich, wenn andere Männer, auch verheiratete, mich begehren. Vielleicht sind das eben jene, deren Frauen keine Sexualität wollen.

Sexualität ist eine Gabe Gottes. Gott selbst ist der Erfinder. Er wollte, dass Mann und Frau in der Ehe auf eine einzigartige Weise eins werden und sich miteinander verbinden wie mit keinem anderen Menschen.
Es ist selten, dass beide Ehepartner dasselbe Maß an Sexualität wollen. Meistens will einer weniger als der andere. Für den, der mehr Nähe haben will, erscheinen die Begegnungen viel zu selten, für den anderen, der das weniger braucht, findet Intimität viel zu häufig statt.
Doch es ist interessant: Wenn einer der Partner sich distanziert, will es der andere umso mehr. Anscheinend wollte Gott, dass wir uns in der Ehe möglichst nah und intensiv fühlen.
Es gibt viele Gründe, warum ein Mann Sexualität meidet:

- Menschen, die eher Einzelgängertypen sind, brauchen und suchen grundsätzlich mehr Distanz.
- Wenn ein Mann in seiner Kindheit Missbrauch erlebt hat, empfindet er ähnlich wie eine Frau, die dies hinter sich hat.

- Eine dominante Mutter, die zu Hause ständig Kontrolle ausübte, findet sich manchmal auch in der Vorgeschichte; dadurch liegt im Mann eine tiefe Angst vor Vereinnahmung verborgen, früher durch die Mutter, jetzt durch die eigene Frau.
- Negative Einstellung zur Sexualität als zu etwas Verbotenem, was unrein ist. Im Elternhaus wurde darüber geschwiegen oder abfällig geredet.
- Angst vor Abhängigkeit. Wenn man sich der Frau zu sehr zuwendet und öffnet, könnte sie es auf falsche Weise ausnutzen.
- Angst zu versagen und die Erektion nicht lange genug aufrechterhalten zu können. Lieber keine sexuelle Begegnung, als etwas falsch zu machen.
- Unsicherheit der Frau gegenüber, fehlendes Vertrauen, das Gefühl, ungenügend zu sein, Minderwertigkeitsgefühle
- Fehlendes oder geringes sexuelles Verlangen
- Überforderung, etwa durch Hausbau, Beruf oder auch Kinder
- Angst vor Versagen im Beruf
- Finanzielle Unsicherheit

Überprüfen Sie die Medikamente, die Ihr Mann einnimmt. Lesen Sie auch die Nebenwirkungen durch.
In unserer Beratungsarbeit wurde einem Mann dadurch geholfen, dass er sich zur Senkung des Bluthochdrucks ein anderes Medikament aufschreiben ließ. Sein Medikament hatte als Nebenwirkung Libidoverlust.
Sprechen Sie mit Ihrem Mann darüber, wie Sie sich fühlen. Sagen Sie ihm, wenn Sie Sehnsucht nach Nähe haben und bitten Sie ihn darum, darauf einzugehen. Machen Sie ihm keine Schuldgefühle oder Vorwürfe, etwa: „Immer muss ich so sehr leiden, und du kümmerst dich gar nicht um mich. Andere Männer wären froh darüber. Was läuft denn eigentlich bei dir verkehrt? ..."
Sagen Sie eher: „Schatz, ich sehne mich so sehr nach Berührung von dir. Du bist so schön. Lass mich einfach in deinen Armen liegen und dich fühlen."
Seien Sie nicht beleidigt, wenn er nicht darauf eingeht. Das hängt nicht zuerst mit Ihnen als mit ihm selbst zusammen. Versuchen Sie immer wieder zu begreifen, dass das sein Problem ist, das er lösen muss.
Wenn Ihr Mann einverstanden ist, suchen Sie eine Beratungsstelle auf. Suchen Sie miteinander einen Weg, dieses Problem zu lösen.
Sie sind eine attraktive Frau! Lassen Sie sich nicht verleiten, sich minderwer-

tig zu fühlen, weil Ihr Mann so selten mit Ihnen intim wird. Freuen Sie sich darüber, dass Gott Sie wunderbar gemacht hat. Treffen Sie sich mit Menschen, die Ihnen gut tun, singen Sie im Chor oder lernen Sie eine neue Sprache. Bitten Sie Gott darum, dass Sie nicht darüber verzweifeln, sondern an diesem Punkt wachsen dürfen.
Meiden Sie Situationen, in denen Sie in Gefahr kommen könnten, sich einem anderen Mann hinzugeben.

Zum Weiterdenken:

Machen Sie das Problem Ihres Mannes nicht zu Ihrem Problem.
Suchen Sie immer neu Möglichkeiten,
Ihre eigenen Begabungen zu fördern und auszubauen.

Wir treffen uns als Ehepaar nur zwischen Tür und Angel

Mein Mann arbeitet Schicht, ich bin als Krankenschwester tätig. Wir treffen uns manchmal nur zwischen Tür und Angel, nämlich, wenn der eine kommt und der andere geht. Alles, was wir dann noch regeln können, ist eine Art Dienstbesprechung, was jeder zu erledigen hat. Wir haben kaum noch Intimität, weil wir an so unterschiedlichen Tageszeiten wach sind.

Wenn Sie so weitermachen wie bisher, geht Ihre Ehesubstanz verloren. Werden Sie erfinderisch! Versuchen Sie Tage zu planen, an denen Sie beide frei machen können.
Machen Sie diese Tage zum Fest, statt sie für Rasenmähen oder anderes zu belegen. Nicht geputzte Fenster wird es immer geben!
Fügen Sie Ihre Zeit für Begegnung nicht ans Ende eines gemeinsamen Arbeitstages. Sie werden sonst nur todmüde ins Bett fallen. Laden Sie sich vielmehr an den freien Tagen gegenseitig zum Verwöhnen ein: schon morgens eine Massage im Bett, danach duschen und nochmals kuscheln.

Zum Weiterdenken:

Der Rasen wird warten und auch die Fenster.
Aber Ihre Ehe darf nicht länger vernachlässigt werden!
Schenken Sie einander Zeit, bevor Sie sich Zeit für andere Menschen nehmen,
die Sie ernst nehmen – und Ihre Ehe zerstören.

III.

Sexualität und Harmonie

Mein Mann sucht Krach, wenn am Abend Sex ansteht

Auf dem letzten Eheseminar ist uns einiges klar geworden. Mein Mann bemüht sich seitdem mehr um Gespräch, was ihm sicher nicht leicht fällt. Aber er spürt auch, dass ich mich mehr um Intimität bemühe, auch wenn ich nicht unbedingt Lust dazu habe.
Inzwischen habe ich in meinem Kalender kleine Kreuze vermerkt, um mich selbst daran zu erinnern, dass es bei unseren Begegnungen nicht zu längeren Pausen kommt. Irgendwann hat mein Mann diese Kreuze entdeckt und freut sich nun immer auf diese Tage. Oft verlässt er am Morgen schon mit guter Stimmung das Haus. Aber manchmal kommt dann doch etwas am Abend dazwischen. Wir haben eine Auseinandersetzung wegen der Kinder oder irgendetwas anderes stimmt nicht. Ich will mich dadurch nicht blockieren lassen, da ich gelernt habe, damit nicht unsere ganze Partnerschaft in Frage zu stellen. Aber das gelingt nicht immer.
Gelegentlich habe ich den Eindruck, mein Mann sucht bewusst Krach vor solchen Abenden.

Vielleicht ist Ihr Mann manchmal nach einem Arbeitstag so sehr erschöpft, dass er Angst hat, es könne bei ihm nicht zur Erektion kommen. Wegen dieser Befürchtung lässt er die intime Begegnung lieber ausfallen, als sich vor Ihnen eine Blöße zu geben.
Viele Männer arbeiten ihren eigenen Frust in der Nähe mit ihrer Frau auf. Dort fühlen sie sich angenommen. Dort brauchen sie keine Rolle zu spielen. An diesem Platz spüren sie Heilung, Erholung, nach Hause kommen.
Andere Männer sind noch so sehr mit dem Tagesgeschehen beschäftigt, dass sie kaum abschalten können. Dann ist die Intimität mit der Frau nochmals wie eine zusätzliche Anstrengung, besonders dann, wenn die Frau hohe An-

sprüche an die körperliche Begegnung hat, z.B. vorher offenes Gespräch, viel Zärtlichkeit und Umworbensein, bevor es zur Vereinigung kommt.
Männer wollen meistens ihre Geschäftsprobleme im Geschäft lassen und nicht darüber reden. Sie wollen frei sein in ihren Gedanken und sich zu diesem Zeitpunkt nur auf ihre Frau einstellen, ohne über Probleme zu reden. Wenn zusätzlich Kinder da sind, wird der Gedankengang, der auf die Frau ausgerichtet ist, ebenfalls irritiert.
Für manchen Mann ist es dann zu anstrengend, sich nochmals auf die Frau einzulassen.
Es gibt aber auch Männer, die nach einem Streit die Nähe zu ihrer Frau suchen. Es ist wie ein Angebot zur Versöhnung. Leider wird dieses Signal nur von wenigen Frauen verstanden.
Nach einer Auseinandersetzung sind manche Ehepartner völlig blockiert für Nähe. Das klafft so weit mit einer körperlichen Begegnung auseinander, weil der eine den anderen nicht mehr als zu sich zugehörig empfindet. Wie kann man sich aber einem Fremden oder sogar Feind öffnen, vor dem man sich eigentlich schützen will?
Machen Sie es sich immer neu bewusst, dass Ihr Mann kein Fremder ist. Er trägt trotzdem manche Facetten, die Sie so wenig verstehen können, wie Sie sich manchmal selbst nicht begreifen.

Zum Weiterdenken:

Wenn ein kleines Kreuz in Ihrem Kalender ausfällt
wegen fehlender Harmonie,
fügen Sie ein neues am Abend danach ein.
Tragen Sie sich die Ungereimtheiten nicht tagelang nach.
Und vernachlässigen Sie nicht diesen wichtigen Teil Ihrer Ehe.

Zwei Personen?

Wer von beiden ist mein Mann wirklich? Nachts ist er ein wundervoller Liebhaber, tagsüber kann er ein richtiges Ekel sein.

Ein verheirateter Mann, der nachts ein zärtlicher Liebhaber ist, zeigt dabei sein wirkliches Gesicht. In der Sexualität kann er Gefühle zeigen, vergisst für kurze Zeit den Alltag mit finanziellen Sorgen und Problemen. Er verdrängt die Angst, von der Frau vereinnahmt zu werden. Er kann sich selbst loslassen und will seine Liebe zeigen. All das, was er im täglichen Leben gerne mit ihr leben würde, aber zu überfordert ist, es auszudrücken, versucht er in die körperliche Begegnung mit ihr hineinzulegen. Hier möchte er sich schenken und seine Frau beschenken. Er zeigt damit, wie er sein will – und doch nicht kann.

Dass Sie das nicht verstehen können, glaube ich. Am Tag eine „dumme Kuh" geschimpft zu werden und nachts als „wunderbare Frau" betitelt zu sein, da müssen Sie sich natürlich fragen, was von beidem die Wahrheit ist.

Ihr Mann fühlt sich zu Ihnen hingezogen. Doch am Tag ist er zu belastet, zu überfordert, zu unkontrolliert, als dass er Platz zulassen könnte dafür. Gedanken an Sie stören seinen Arbeitsablauf. Im alltäglichen Miteinander braucht er einfach Ordnungen, um das Leben geregelt zu bekommen. Da sollen Sie dabei helfen, damit alles reibungslos klappt. Wenn das nicht funktioniert, sucht er den Schuldigen/die Schuldige, und dabei sind Sie am schnellsten greifbar.

Männer sehen in ihren Frauen oft eine Stärke, die diese gar nicht haben.

Manchmal sind auch alte Ängste da, die noch von der Mutter herrühren. Da meint der Mann, er könnte sich zu sehr von seiner Frau abhängig machen, würde seine Freiheit verlieren, wenn er zu sehr auf sie einginge.

Sagen Sie ihm, was solche Betitelungen in Ihnen bewirken. Drücken Sie das immer neu aus, wenn dieser Ausdruck wieder fällt, dass Sie das als Verletzung empfinden.

Das Ganze mit Humor würzen, etwa: „Vergiss nicht, eine Kuh hat einen Ochsen als Gegenüber", wäre auch einen Versuch wert.

Zum Weiterdenken:
Werden Sie grosszügiger und legen Sie nicht alles auf die Goldwaage!
Wenn Ihr Mann des Nachts ein toller Liebhaber ist, versuchen Sie an diesem Punkt Ihre Streicheleinheiten zu holen, und schenken Sie ihm Glauben.

Solange ich beim Geschlechtsverkehr mitmache, geht es uns gut

„Wir haben gelegentlich furchtbare Spannungen miteinander, die kaum auszuhalten sind.“ Nach einigem Reden – Frauen sortieren beim Reden und kommen bei einem guten Zuhörer oft selbst auf die Lösung – sprudelt es aus ihr heraus:
„Ja, nun weiß ich warum.
Manchmal reden wir wochenlang nicht miteinander. Das ist für mich sehr unbefriedigend. Ich klage das immer wieder ein. Aber oft ist einfach keine Zeit dafür da. Solange ich aber noch beim Geschlechtsverkehr mitmache, wenn mein Mann das ab und zu will, kommen wir ganz gut miteinander zurecht.
Aber schließlich erreiche ich den Punkt, wo ich reden muss. Ich sage das zwar deutlich, aber manchmal nimmt er meine Bedürfnisse doch nicht wahr. Wenn mein Mann mir dann nahe kommt, bricht es aus mir heraus. Ich beginne zu weinen. Er bricht ab und ist irritiert. Ich fange an, alles aufzuzählen, was sich in mir angesammelt hat. Er hört betroffen zu. Gelegentlich schütte ich ein bis zwei Stunden mein Herz aus. Danach fühle ich mich richtig frei. Und dieses Gefühl verbindet sich mit Sehnsucht nach Nähe. Dann steht nichts mehr zwischen uns.
Doch dann will er nicht mehr. Er ist meistens fix und fertig. Ich kann das gar nicht verstehen, wo doch danach alles ausgeräumt ist und ich mir alles von der Seele geredet habe. Die Tage danach haben wir handfesten Krach. Mein Mann schaut mich kaum noch an und meidet mich. Sogar die Kinder spüren, dass etwas zwischen uns nicht stimmt.
Dabei könnte doch jetzt alles so schön sein!

Danach versuche ich wieder zu schlucken, damit so etwas nicht wieder passiert. Aber nach einigen Wochen geht das Dilemma von vorn los."

Hier wird zu wenig aufgearbeitet. Die Schwierigkeiten verdichten sich, bis es zur Explosion kommt. Die Frau gibt immer wieder nach in der Hoffnung, den Krach, den sie nicht leiden kann, zu umgehen. Die schließlich angestaute Explosion wird vom Mann nicht verstanden. Er sieht das Ganze als üble Laune seiner Frau an und ist ihr gram wegen der Beschuldigungen, die für ihn wie aus heiterem Himmel auf ihn niederregnen. Er fühlt sich unschuldig. Außerdem ist er sauer, weil die körperliche Spannung zuerst angeregt, dann abgebrochen wurde. Sie hat ihn hintergangen, ihm etwas vorgespielt, ohne es zu erfüllen. Das ist seine Empfindung. Er meint, sie habe dies vorsätzlich inszeniert, um ihn zu verletzen.

Warten Sie nicht, bis Sie explodieren! Da sind viele kleine Verletzungen, die Sie nicht verarbeiten und einfach in eine Schublade stecken, als seien sie nicht schlimm. Sie bleiben aber unverarbeitet darin liegen. Irgendwann haben sie sich zu einem Berg angehäuft, der nicht mehr in die Schublade hineinpasst. Alles quillt auf einmal heraus und überschüttet den Partner mit alten Angelegenheiten, die er z. T. wahrscheinlich nicht einmal mehr nachvollziehen kann.

Zum Weiterdenken:

Lernen Sie, die kleinen Alltagsportionen an Unstimmigkeiten
mit dem Partner zu verarbeiten und darüber zu sprechen.
Auch wenn es zu Anfang zu häufigeren Störungen in der Harmonie kommt,
ist es auf Dauer besser, auf dieses Programm umzustellen.
Sonst verderben Sie sich einander wertvolle Momente der Begegnung.

Mein Mann benimmt sich in der Öffentlichkeit wie ein Platzhirsch

Ich habe einen wirklich lieben Mann. Doch sobald wir uns zusammen in der Öffentlichkeit zeigen, wird er mir fremd. Da habe ich den Eindruck, er würde sich für mich schämen. Auf jeden Fall nimmt er mich dann gar nicht mehr richtig wahr. Am liebsten ging ich gar nicht mehr mit ihm zu einem öffentlichen Auftritt.
Wenn mein Mann nach solch einem Abend auch noch mit mir ins Bett will, bin ich ganz sauer auf ihn. Doch er versteht überhaupt nicht, was er falsch gemacht haben soll.

Wenn ein Mann sich mit seiner Frau in der Öffentlichkeit zeigt und sich ihr zuwendet, erscheint er vor anderen Männern, als sei er von ihr abhängig. Dabei ist er doch selbst erwachsen, er braucht sie nicht!
Während andere Frauen Frauen beneiden, deren Mann sich ihnen liebevoll zuwendet, wird dies von den beobachtenden Männern als Schwäche angesehen. In der Öffentlichkeit zeigt sich der Mann mit Ehefrau als richtiger Mann, wenn er sie möglichst nicht beachtet. Allenfalls macht er einen Scherz, der auf ihre Kosten geht.
Seine eigene Frau verunsichert ihn, weil sie oft schon Worte hat, bevor er den Mund auftut. Er möchte vor anderen zeigen, dass er unabhängig ist.
Ich weiß, wie Sie sich als Frau fühlen. Wenn Sie allein unterwegs sind, finden Sie sich natürlich auch zurecht. Doch in dem Moment, in dem Sie zusammen mit Ihrem Mann in der Öffentlichkeit stehen, definieren Sie sich über Ihren Mann, empfinden sich als zu ihm gehörig, möchten Sie von ihm beachtet werden. Sie suchen nach Zeichen, dass er stolz auf Sie ist, gerne zu Ihnen gehört. Sie suchen seinen zustimmenden Blick, freuen sich, wenn er Ihnen die Tür öffnet, Sie umwirbt als etwas Besonderes.
Ihr Mann freut sich zwar auch über Ihre Bewunderung. Aber in der Öffentlichkeit will er von den anderen bewundert werden. Wenn seine Frau ihn zu sehr bewundert, fühlt er sich, als hätte er das nötig, spürt sich zurückgestuft in die Zeit, als Mutter anderen von seinen guten Noten erzählte.
Sagen Sie Ihrem Mann, was Sie fühlen. Äußern Sie auch ganz konkret, dass Ihnen nach solch einem Abend nicht nach Nähe ist, weil Sie sich in Ihren

Gefühlen verletzt fühlen. Sprechen Sie mit ihm darüber, was Sie beide in Zukunft ändern könnten.

Zum Weiterdenken:

Entwickeln Sie auch für sich selbst einen gesunden Selbstwert in der Öffentlichkeit. Seien Sie mehr Sie selbst, auch wenn Ihr Mann dabei ist. Beginnen Sie mit anderen Menschen ein Gespräch und seien Sie nicht so darauf fixiert, wie Ihr Mann auf Sie reagiert. Sie sind wichtig, auch ohne Ihren Mann. Bestrafen Sie Ihren Mann nicht damit, dass er Sie nicht berühren darf.

Nach harmonischer Zeit abgrundtiefe Unzufriedenheit

Oft fällt es mir auch nach fünfzehnjähriger Ehe noch schwer, die Tiefen der männlichen Seele zu verstehen.

Da kommt es vor, dass nach einer eigentlich harmonischen Zeit plötzlich eine abgrundtiefe Unzufriedenheit über die sexuelle Seite unserer Ehe zutage tritt, die mich fast umhaut.

Für mein Empfinden hatten wir schöne, erfüllende Zeiten des Zusammenseins. Zwar fanden diese besonderen Begegnungen oft an den Wochenenden statt, da nur dann die Möglichkeiten gegeben waren. Doch dazwischen gab es auch körperliche Nähe, wenn auch mit weniger Innigkeit. Auch nach den Geburten gab es nur kurze Pausen der Enthaltsamkeit.

Während wir einander beschenkten, war mein Mann freundlich, zärtlich, und ich dachte, auch glücklich.

Irgendwann am Morgen beim Kaffeetrinken platzte es aus ihm heraus, dass das alles nichts wäre. Er hätte es nun lange vergeblich versucht (was eigentlich?) und nun die Hoffnung aufgegeben. Auf meine Nachfrage, was er eigentlich meine, äußerte er, ich sei einfach komisch und verklemmt. Er warte seit Jahren, dass ich mehr aus mir herausginge, richtig stöhne und ihm sage, wie sehr ich ihn brauche, dass ich geil auf ihn sei etc.

Das entspricht mir nicht, ist auch nicht mein Sprachgebrauch. Bei manchen Stellungen fühle ich mich nicht geborgen, und Oralverkehr ist mir unangenehm.
Seine Vorstellung ist: Ich solle ihn mal richtig anmachen und verführen.
Solche Aussagen blockieren jede Lust in mir. Da empfinde ich eher Ekel, weil ich mich auf der Stufe der Prostituierten sehe. Dann fühle ich mich missbraucht für seine Lust und nicht als geliebte Partnerin.
Lust kommt bei mir auf, wenn er liebevoll mit mir umgeht und freundlich und zärtlich ist.
Ihm zuliebe habe ich ein paar scheue Versuche unternommen, die ihm aber zeitlich nicht genehm waren oder zu wenig konkret. Also habe ich das auch wieder eingestellt, da es für ihn offensichtlich die Note ungenügend bekam.

Ihren Brief habe ich gelesen und mit gelitten. Als Frau liest man nicht nur, sondern erlebt gefühlsmäßig mit, was der andere empfindet und wie er leidet. Danke für die große Offenheit. Ich habe den Eindruck, dass Ihre Lebenssituation der vieler Frauen gleicht.
Bei der Schöpfung der Frau hat Gott ein anderes Ziel verfolgt als beim ersten Menschen. Dieser erste vollkommene Mensch wurde geteilt. Die Perspektive, die Gott dabei im Sinn hatte, war, dem Menschen eine Gehilfin zu schaffen, die ihm ebenbürtig, aber nur bedingt gleich sei. Gott wollte ihm eine Hilfe als sein Gegenüber geben.
Hilfe zu sein bedeutet, dem anderen zur Ergänzung zu werden. Hilfe heißt aber nicht nur auszufüllen, was dem anderen mangelt, sondern auch auf Missstände hinzuweisen und sie aufzudecken und zu verändern.
Größte Hilfe wird dem Mann eine Frau, die Gott im Blick hat. Damit hebt sie nicht ab. Sie vernachlässigt nicht ihre Pflichten im täglichen Leben. Sie wird auch darauf achten, dass genug Nähe zu ihrem Mann stattfindet. Aber sie fühlt auch, wann sie aus der Nähe Gottes herausfällt. Vielleicht hat sie seit der Verführung durch die Schlange am Baum ein waches Ohr entwickelt, um unterscheiden zu können, welche Stimme die Schlange hat und was von Gott her zu ihren Ohren kommt.
Ob die Angst des Mannes, auf die Frau zu hören, mit dem Sündenfall im Paradies zu tun hat? Seine Angst vor der Verführung durch sie (Eva) hindert ihn möglicherweise daran, Gefühle für die Frau zu entwickeln. In ihm ist eine tiefe Sehnsucht, sie unter Kontrolle zu bringen (Vergewaltigungsszenen rei-

zen viele Männer gedanklich). Selbst wenn er mit ihr glücklich war in der Nacht, versucht er das Geschehen am Morgen zu überspielen. Er hat Angst, von ihr abhängig zu werden. Er fühlt sich ihr ausgeliefert in der Sexualität und entwickelt Aggression, damit sie nicht Macht über ihn gewinnt. Trotzdem will er von ihr auch begehrt werden.

Eine Hure wäre für ihn weit angenehmer. Sie wird mit der Nacht entlassen, und das Eigenleben und die Unabhängigkeit können für den Mann weitergehen. Die Hure ist pflegeleicht, denn sie kann wie ein Gegenstand bezahlt, genommen und wieder weggeworfen werden. Doch seine Moral verbietet dem Mann diesen Weg. Tief drinnen sehnt sich der Mann aber nach der Geborgenheit der Familie. Gleichzeitig ist Ehe und Familie aber eine ständige Herausforderung für ihn.

Ehe fordert zum ständigen Hinterfragen eigener Gedanken heraus. Der Mann sucht und braucht seine Frau als Gegenüber. Aber ihr feines Empfinden im Sexualbereich erinnert ihn immer neu an seine unreinen Fantasien, die er vielleicht nicht unter Kontrolle bekommt und die immer nach mehr schreien, je mehr er sich damit beschäftigt. Um sich nicht ständig als Schuldigen zu empfinden, wird die Schuld auf die Frau geschoben. Würde sie nur mitmachen, wären die eigenen Fantasien damit entwaffnet und entthront. Würde sie solche Szenen inszenieren, bräuchte er nicht davon träumen, sie mit anderen Frauen erleben zu müssen. Sie ist daran schuld, dass er Sexszenen im Fernsehen anschauen muss, da sie ihm darin ja nicht erfüllende Partnerin ist. Die eigene Unzufriedenheit mit dem Leben überträgt Ihr Mann auf ungenügende Sexualität. Er spürt, dass er der ist, der Ihre Nähe sucht, obwohl Sie das nicht unbedingt bräuchten. Sie sind für ihn eine Art Heilige, der er sich nicht gewachsen fühlt.

Er bewundert Sie sicher mit Ihrer Geduld mit den Kindern, darf sich das aber nicht eingestehen, weil er sich dann wieder klein fühlte. Ihre Fehler müssen offenbar sein, damit seine nicht auf den Tisch kommen. Welche Selbstwertzweifel muss er haben!

Wer seinem Ehepartner immer wieder Signale gibt, um ihm seine Unfähigkeiten aufzuzeigen, ist innerlich klein und verletzt, was oft auf unverarbeitete Kindheitserlebnisse zurückgeht.

Ein ausgeglichener Mensch nimmt zum einen die Fehler des anderen weniger wahr, zum anderen hat er kein Bedürfnis, sie ihm anzukreiden. Er sieht großmütig darüber hinweg.

Haben Sie Mut, immer wieder Ihre Meinung zu äußern, auch wenn das Ergebnis keine Harmonie sein wird! Zwar wird Ihnen Ihr Mann nach außen Kontra geben müssen, aber nach innen wird er hoffentlich manches reflektieren. Solange er sich noch so heftig gegen Ihre Äußerungen wehrt, ist etwas in ihm lebendig, das am Arbeiten ist. Lassen Sie ihm Zeit!
Fragen Sie ihn ganz konkret, was er sich in der sexuellen Begegnung wünscht. Finden Sie einen Weg, auf dem Sie ihm entgegengehen können, ohne sich selbst zu überfordern. Zeigen Sie ihm mit kleinen Schritten, dass Sie ihn glücklich machen wollen.

Zum Weiterdenken:

Ein Mann fühlt sich mit seiner Sexualität oft als Bettler.
Er sehnt sich nach seiner Frau. Sie lässt seine Annäherungsversuche eher an sich geschehen als sie zu wünschen. Für ihn ist es nicht vorstellbar, dass eine Frau viel seltener über Sexualität nachdenkt.
Sie erscheint ihm darin fast wie eine Heilige.
Doch er sehnt sich auch danach, begehrt zu werden.

Zu anderen ist er hilfsbereit und freundlich, zur Familie nur garstig

Wenn sein Vater Spannungen hatte, schlug er auf den Jungen mit einem Gürtel ein. Die Note über dem Leben meines Mannes war immer „ungenügend". Die Ehe der Eltern war eine einzige Katastrophe. Nur wegen des Hofes blieben die beiden zusammen, aber ohne irgendeine innere Beziehung zueinander zu haben.
Mein Mann ist nur wenig belastbar. Wenn mehrere Aufgaben gleichzeitig anstehen, fühlt er sich gestresst. Mit den Kindern ist er überfordert. Es fehlt ihm eine natürliche Zuneigung zu ihnen. Er empfindet sie einfach nur als störend und geht unsensibel und aggressiv mit ihnen um, auch jetzt, wenn sie älter werden.

Wenn ich nicht so handle oder rede, wie er sich das vorstellt, beschimpft er mich. Es gelingt ihm nicht, auf meine Bedürfnisse einzugehen.
Wenn seine Kollegen von ihm reden, scheinen sie einen anderen Mann zu kennen, als ich ihn erlebe. An seinem Arbeitsplatz ist er hilfsbereit, freundlich, entgegenkommend, ein beliebter Kumpel. In der Nachbarschaft unterhält man sich gerne mit ihm. Mit niemandem hat er Streit, überall wird er wegen seiner Großzügigkeit geschätzt.
Kaum ist er mit der Familie allein, poltert er los. Er stört sich an allem und jedem, meckert herum, ist unausgeglichen.
Meine einzige Hilfe ist, dass ich anderen erzähle, wie er wirklich ist. Sie sollen wissen, dass er nur Theater spielt. Vor allen Dingen vertraue ich mich seiner Schwester an. Die versteht mich und hält zu mir, denn sie kennt ihn von früher.

Am Arbeitsplatz ist die Rolle Ihres Mannes fest definiert. Er weiß, was er dort zu tun hat, es sind vorgegebene, überschaubare Bereiche da. Darin kennt er sich aus.
Sobald es aber um innere Beziehungen zu einem Menschen geht, ist er verunsichert. Die Ehe mit Ihnen fordert das Äußerste von ihm. Er sucht Ihre Anerkennung. Vielleicht bewundert er Sie sogar, wie Sie alles meistern. Doch gleichzeitig fühlt er sich dadurch unterlegen und minderwertig. Tief drinnen sehnt er sich nach Einheit mit Ihnen. Aber er hat keine Ahnung, wie er das anstellen soll. In seiner Kindheit hat er bei seinen Eltern nur Streit erlebt. Was die Erziehung anging, so wurde er geschlagen, oft nur, weil der Vater seinen Frust an ihm abreagierte. Als Kind erlebte er die Nähe des Vaters und seine Beschäftigung mit ihm nur in Form von Aggression und Schlägen! Zuwendung geschah also nur über Verletzung, sowohl zwischen Vater und Sohn als auch zwischen seinen Eltern.
Sie versuchen, Ihre schwere Beziehung aufzuarbeiten, indem Sie bei verschiedenen Menschen Rat suchen. Aber Sie zerstören dabei das gute Bild, das diese von Ihrem Mann haben, und rücken das Böse, das Ihr Mann Ihnen antut, in den Vordergrund. Sie wollen aufklären, wer Ihr Mann wirklich ist. Das bleibt Ihrem Mann nicht verborgen. Nun fühlt er sich nicht mehr nur als Versager im Bereich der Familie, sondern auch vor seiner eigenen Verwandtschaft und vor anderen Menschen schlecht gemacht.
Sie leiden darunter, dass Ihr Mann sich in der Kindererziehung so wenig ein-

gebracht hat und auch heute bei den erwachsen werdenden Kindern so wenig Einfühlungsvermögen zeigt. In Ihrer Ehe erleben Sie keinen Schutz durch Ihren Mann, sondern nur Vorwürfe und Beschimpfungen. Das ist sicher eine tägliche Erniedrigung für Sie und die Kinder und Grund zu immer neuer Traurigkeit und Verletzung.

Ihr Mann braucht unbedingt eine Langzeittherapie, in der er die schweren Verletzungen seiner Vergangenheit aufarbeitet. Aber er muss auch in Gesprächen lernen, wie eine Ehebeziehung Schritt für Schritt aufgebaut werden kann.

Ich kann nur hoffen, dass er dazu bereit ist.

Aber auch Sie müssen neu an Ihrer Beziehung arbeiten. Hören Sie auf, bei so vielen Menschen die Fehler Ihres Mannes auszubreiten. Besonders die Schwester von ihm darf nicht mehr einbezogen werden. Suchen Sie sich eine gute Beratungsstelle und beziehen Sie von dort Ihre Hilfe.

Das Aussprechen von speziellen Eheproblemen sollte dann zunächst nur in den Beratungsstunden geschehen. Schwierigkeiten und Probleme des Alltags können jeweils aufgeschrieben werden, um sie dann im Gespräch mit dem Therapeuten gemeinsam zu bearbeiten.

Zum Weiterdenken:

Es genügt nicht, nur Ihr Leid zu klagen und sich bedauern zu lassen. Finden Sie eine Strategie, in der Sie aktiv werden können. Leiden Sie nicht nur, sondern beginnen Sie aus alten Mustern auszusteigen, damit sich neue Muster entwickeln können.

Nach jedem Streit sucht mein Mann Nähe im Bett

Ich glaube, er tickt nicht ganz richtig!

Wir sind seit neun Jahren verheiratet. Am Anfang unserer Ehe meinte ich, dieser Tick würde sich verlieren. Aber nichts verändert sich.

Mein Mann und ich sind ganz unterschiedliche Typen. Dadurch gibt es natürlich auch viele Meinungsverschiedenheiten. Ich bin dann eher ruhig und ziehe mich zurück, versuche sachlich zu erklären, warum ich etwas besser finde. Mein Mann aber rastet aus, wenn ich nicht gleich einstimme in das, was

er für richtig hält. Er wird laut. Dabei spricht er Beleidigungen aus wie „dumme Ziege“ und anderes, was mich sehr verletzt.
Gehen wir schließlich nach der Auseinandersetzung ins Bett, kommt mein Mann mir näher, wird zärtlich, spricht liebe Worte aus, findet mich schön und anziehend. Ich bin manchmal ganz verwirrt davon, weil ich nichts begreife. Bin ich nun die dumme Ziege oder die Traumfrau? Wie kann man sich so verändern?
Eigentlich will ich diese Auseinandersetzungen aufarbeiten und nicht durch Zärtlichkeit im Bett überdecken. Aber immer wieder lasse ich mich schließlich dazu überreden, im Bett zärtlich zu sein. Am nächsten Morgen scheint die Welt wieder in Ordnung. Die alte Meinungsverschiedenheit wird häufig zu meinen Gunsten geregelt, ohne große Worte darüber zu machen. Obwohl ich froh darüber sein sollte, ist es unbefriedigend für mich. Wie kann ich das in Zukunft verändern?

Ihr Mann ist offensichtlich ein spontaner Mensch. Er trifft Entscheidungen, die nicht immer ganz durchdacht sind. Funken Sie dann mit Ihren Fragen dazwischen, fühlt er sich buchstäblich in Frage gestellt und verunsichert. Er reagiert heftig, grenzt sich dabei durch Worte so stark ab, dass Sie sich zurückziehen und nicht weiter fragen. Gleichzeitig ist Ihr Mann aber auch harmoniebedürftig.
Wenn er einige Zeit nachgedacht hat, findet er oft heraus, dass Ihre Argumente die besseren waren. Dann würde er gerne seine Reaktion rückgängig machen.
Da er keine Worte der Entschuldigung findet, will er Ihnen im Bett zeigen, wie wertvoll Sie für ihn sind. Seine Annäherungsversuche sind ein großes Ausrufezeichen von „Vergib mir bitte, ich hab´s nicht so gemeint.“ Können Sie das so annehmen? Vielleicht verbalisieren Sie diese Worte für sich selbst, wenn er das nächste Mal nach solch einer Auseinandersetzung wieder zu Ihnen kommt. Offensichtlich möchte er es auch am nächsten Tag dann nochmals bekräftigen, wenn er nachgibt in einer Sache, die er eigentlich anders entschieden hätte.
Natürlich sind seine Reaktionen nicht wirklich zu entschuldigen. Es wäre besser, sie würden nie wieder passieren. Deshalb wäre es hilfreich, er würde in einer Therapie lernen, sich anders abzugrenzen als durch beleidigende Aussagen. Machen Sie ihm in einer guten Stunde Mut dazu.

Aber versuchen Sie auch seine Aussagen nicht so tief in Ihre Seele fallen zu lassen. Er meint es nicht so. Offensichtlich liebt er Sie sehr. Lassen Sie seine guten Seiten mehr auf sich wirken als seine gelegentlichen „Ausrutscher".

Zum Weiterdenken:

Vielleicht können auch Sie neue Wege finden, um ihm Ihre Meinung nahe zu bringen. Bitten Sie ihn um einen Tag Bedenkzeit, bevor Sie antworten. Möglicherweise hat er dann inzwischen auch nochmals nachgedacht und wird weitere Aspekte zum Für oder Wider hinzugefügt haben, um selbst ein anderes Ergebnis zu wollen. Das würde manche Ausraster von ihm buchstäblich ins Wasser fallen lassen.

IV.

Orgasmus und Beckenbodenmuskeltraining

Orgasmus nur möglich über Petting

Wir waren längere Zeit verlobt und wollten mit dem Koitus bis zur Ehe warten. Auch Petting verboten wir uns. Es war eine gute Zeit. Aber immer wieder war ich so sehr unter sexueller Spannung, dass ich masturbierte. Ich hatte oft Schuldgefühle dabei, aber ich kam anders nicht zurecht.
Nach der Hochzeit hatten wir beide kein Problem damit, einander zu begegnen. Es war eine wundervolle Zeit, die wir beide genossen. Aber jetzt, einige Monate danach, merke ich, dass ich einen ganz bestimmten Erregungsablauf brauche, um zum Orgasmus zu kommen. Im Grunde muss sich die Art, wie ich es vor der Ehe allein erlebte, irgendwie wiederholen, damit ich den Höhepunkt erreiche.
Das irritiert mich, weil ich doch jetzt mit meinem Mann zusammen bin, den ich auch liebe.

Sie haben sich an einen bestimmten Erregungsablauf gewöhnt, um sich auf den Orgasmus einzustellen. Genießen Sie es einfach und plagen Sie sich nicht mit dem Gedanken, es müsste nun unbedingt anders verlaufen.
Wenn Sie wollen, können Sie auch „umlernen". Das beginnt damit, dass Sie nicht darauf drängen, einen Orgasmus haben zu wollen. Geben Sie sich Ihrem Mann hin und genießen Sie einfach seine Nähe. Freuen Sie sich an Ihrer Gemeinsamkeit, ohne bestimmte Gefühle vorantreiben zu müssen. Machen Sie den Orgasmus nicht zum Ziel Ihrer Begegnung. Sie werden dabei Ihren Mann noch viel tiefer wahrnehmen, weil es nicht mehr nur um Sie und Ihre Befriedigung geht. Oft berichten Frauen, dass nach einer gewissen Zeit ein neues, gemeinsames Muster entsteht, das sie zum Orgasmus führt, den sie z.T. noch intensiver erleben als den vorherigen.

Wenn Sie, nachdem Ihr Mann den Samenerguss hatte, unter sexueller Spannung stehen, bitten Sie ihn, mit Ihnen Petting zu machen.

Zum Weiterdenken:
Sagen Sie ihm ganz gezielt,
was Sie als schön empfinden und wie Sie es gerne mögen.
Verlieren Sie alle Vorbehalte, ihm das zu sagen.
Fühlen Sie sich nicht komisch dabei.
Vielen Männern bereitet es Vergnügen,
auf die Gefühle ihrer Frau einzugehen.

Er meint, sie müsse einen Orgasmus haben

Meine Frau bekommt oder will keinen Orgasmus. Ich bemühe mich ehrlich darum, lese einschlägige Literatur, gehe auf sie ein, helfe ihr im Haushalt, bin morgens schon freundlich. Aber bei ihr bewegt sich nichts.
Die Frau: Ich bin zufrieden mit unserer Sexualität und freue mich über unsere Begegnungen. Aber ich mag nicht all die Verrenkungen. Da habe ich das Gefühl, etwas leisten zu müssen, nämlich einen Orgasmus zu haben, damit er seine Befriedigung hat. Das funktioniert so einfach nicht. Wir haben doch keinen Sportunterricht. Ich möchte viel lieber nach seiner Befriedigung in seinen Armen einschlafen, als einen Orgasmus haben zu müssen, nur weil er meint, ich müsste einen haben.
Er sagt: Ich möchte doch nicht meinen Trieb an meiner Frau abreagieren. Sie soll auch etwas davon haben. Ich will sie damit beschenken, Gefühle zu entwickeln, denn einen Orgasmus zu haben, ist berauschend. Ich wünsche ihr das auch. Es gäbe mir die Befriedigung, schenken zu dürfen. Vielleicht auch das: Ich würde spüren, dass ich es gut gemacht habe.

Für den Mann: Gut gemeint ist nicht immer gut gemacht. Wenn Ihre Frau ohne Orgasmus glücklich und entspannt ist, dann freuen Sie sich mit. Ihre Vorstellung von dem Erleben, das Ihre Frau haben sollte, stört die liebevollen Gefühle, die Ihre Frau für Sie hegt. Diese Gefühle werden verloren gehen, wenn Sie weiter darauf bestehen, dass alles so geschieht, wie Sie es wollen. Ihre Frau genießt die Zweisamkeit, gibt sich Ihnen aus ganzem Herzen hin, freut sich über Ihre Gemeinschaft. Wenn Sie sie lieben, dann lieben Sie sie so, wie sie geliebt werden will. Kommen Sie weg von dem Gedanken, Ihrer Frau etwas geben zu müssen, was sie nicht will und nicht zu brauchen meint.

Bemühen Sie sich viel mehr darum, Ihrer Frau auch in anderen Lebensbereichen Liebe zu zeigen, etwa durch kleine Liebesbriefe, Blumen, Mithilfe im Haushalt, Zuwendung zu den Kindern. Entdecken Sie, was sie besonders berührt, und wiederholen Sie es. Das ist der beste Weg zu ihrem Herzen und wird sich auch auf Ihre Zweisamkeit auswirken.

Für die Frau: Vielleicht sind Sie vom Anspruch Ihres Mannes so irritiert, dass Sie sich gegen diese Gefühle sperren. Lassen Sie nicht zu, dass Sie sich etwas vorenthalten, was auch sehr schön für Sie sein könnte. Ihr Mann liebt Sie und will es Ihnen auf diese spezielle Weise zeigen.

Machen Sie sich zum einen bewusst, dass Sie wertvoll sind und wunderbar geschaffen, auch ohne das Erlebnis des Orgasmus. Doch zum anderen öffnen Sie sich auch für die Möglichkeit, etwas Schönes erleben zu dürfen. Bitten Sie Gott darum, dass er Ihre Gefühle heilt.

Zum Weiterdenken:

Sagen Sie nicht generell zu allem Nein.
Versuchen Sie, detailliert herauszufühlen und dann auch auszudrücken, was Sie als schön, angenehm, erträglich oder abstossend erleben.
Lassen Sie nicht zu, dass durch diese unterschiedlichen Vorstellungen Ihre Liebe zu Ihrem Mann zerbricht.

Beckenbodenübungen, nicht nur vor und nach der Geburt

Seit meiner letzten Geburt kann ich oft nicht mehr so gut das Wasser halten. Besonders peinlich ist das, wenn ich lache und dabei etwas Urin verliere.

Als eine unserer Töchter in der Pubertät feststellte, wie sich ihr Körperbau veränderte, meinte sie: „Mama, ich wäre aber gerne an den Schultern breiter als am Becken." „Ja", antwortete ich, „das wäre auch so, wenn du ein junger Mann werden würdest."

Das Becken der Frau ist breiter gebaut als das des Mannes. Wenn die Frau später Mutter wird, wächst dort ihr Kind. Mit seinem ganzen Gewicht liegt es dann auf der Muskulatur des kleinen Beckens, die in die Zervix (den Muttermund) endet. Wenn diese Beckenbodenmuskulatur durch die Schwere des Kindes nach unten gedehnt wird, verändert sich auch der ganze Bereich darunter. U. a. werden die Blase und der Blasenschließmuskel dadurch nach unten gedrückt. In der Schwangerschaft und bei der anschließenden Geburt ist die Belastung besonders groß.

Deshalb sind Beckenbodenübungen schon in der Schwangerschaft wichtig, um diese spezielle Muskulatur zu trainieren. Aber auch nach der Geburt hilft diese Gymnastik bei der Rückbildung der Gebärmutter und zur Festigung des Beckenbodens. Eigentlich sollte jede Frau diese Übungen lebenslang beibehalten.

Im Lebensalter über 40 lässt die Muskulatur nach. Der Beckenboden senkt sich. Dabei kann die Gebärmutter sogar durch den Gebärmutterhals (die Zervix) durchtreten (Senkung). Es kommt zu Problemen des Wasserhaltens (Inkontinenz), was als unangenehm empfunden wird. Auch Kreuzschmerzen können darin ihren Ursprung haben.

Im schweren Stadium (Gebärmuttervorfall) muss eine Operation erfolgen.

Das sind medizinische Gründe für Beckenbodenübungen.

Es gibt aber auch partnerschaftliche Argumente. Die Frau hat oft keine Empfindung für ihre Vagina (Scheide) mehr. Sie ist ihr fremd, weil sie sie nicht spürt. Hauptsächlich während der Tage der Menstruation (Monatsblutung) nimmt sie sich in diesem Bereich wahr.

Bei der Durchführung des Beckenbodenmuskeltrainings entwickelt die Frau eine Beziehung zu diesem Teil ihres Körpers. Manche Frauen haben zunächst das Gefühl von Fremdheit bei diesen Übungen, doch dies verliert sich. Viele Frauen berichten mir danach, dass diese Übungen nicht nur ihre Probleme der beginnenden Senkung gelöst haben. Auch ihre Partnerschaft wurde dadurch belebt. Sie berichten von wieder entdeckten Gefühlen. Manche hatten nach Jahren wieder einmal einen Orgasmus erlebt.

Tipp: Festigung der Beckenbodenmuskulatur

Während des Einatmens ziehen Sie Ihre Scheide nach oben.

Es ist eine ähnliche Situation, als ob Sie sehr dringend zur Toilette müssen und auf dem Weg dorthin sind. Halten Sie diese Position fest und atmen Sie normal weiter. Mit jedem weiteren Ausatmen versuchen Sie, ihre Muskeln noch weiter nach oben zu ziehen, ähnlich einem Aufzug, der in höhere Stockwerke steigt.

Nach dem vierten Einatmen halten Sie Ihren „Aufzug" einen weiteren Atemzug an, um ihn danach „loszulassen". Nun beginnt das ganze von vorne. Sie können diese Übung drei- bis fünfmal nacheinander durchführen, und das mehrmals täglich.

Diese Übung können Sie in vielen Situationen ausführen, etwa beim Spazierengehen, während Sie liegen oder am Kochtopf stehen. Frauen berichten mir, dass sie dadurch ein ganz neues Lebensgefühl entwickelt haben.

Sie werden zudem entdecken, dass Ihnen das Laufen leichter fällt. Ausserdem wird die Blasenmuskulatur dadurch gestärkt.

Eine alte Dame vertraute mir eines Tages an, dass sie Windeln tragen müsse, weil sie das Wasser nicht mehr so gut halten könne. Ich empfahl ihr diese Übung. In wenigen Wochen war sie die Windeln los und überglücklich darüber!

Meine Gebärmuttersenkung bildete sich so weit zurück, dass ich keine Operation brauchte.

Auch das Empfinden während des Koitus wird intensiver und beglückender. Frauen haben berichtet, dass sie eine ganz neue Freude beim Zusammensein mit ihrem Mann erleben.

V.

Schwangerschaft, Geburt und die Zeit danach

Ungestillte Bedürfnisse in der Schwangerschaft

Zu Beginn meiner Schwangerschaft war mir oft übel. Aber seit ich über die ersten Wochen hinaus bin, geht es mir echt gut. Doch habe ich seitdem oft eine intensive Sehnsucht nach Nähe und Geborgenheit. Ich möchte kuscheln und meinen Mann ganz nah bei mir haben. Doch er findet mich aufdringlich und fühlt sich überfordert. Ich komme mir dabei zurückgewiesen vor. Findet er mich mit dem Bauch nicht mehr attraktiv?
Manchmal habe ich solch starke Gefühle, dass ich mich selbst befriedige. Aber dann bin ich hinterher frustriert. Eigentlich will ich das doch mit meinem Mann erleben und nicht so, als sei ich gar nicht verheiratet.

Während der Schwangerschaft wird der ganze Genitalbereich der Frau stärker durchblutet. Die Frau empfindet insgesamt intensiver, erlebt oft sehr schnell einen Orgasmus. In der Schwangerschaft sehnt sie sich nach Schutz und Geborgenheit. Sie fühlt sich dem Mann verbunden, dessen Kind sie in sich trägt.
Nicht nur Sie verändern sich, sondern auch Ihr Mann. Er muss sich an den Gedanken gewöhnen, Vater zu werden. Sie erleben das Mutterwerden direkt in sich. Ihr Mann steht daneben. Deshalb braucht er auch länger für diesen Prozess. Er muss Sie in Zukunft mit diesem Kind teilen. Wenn Sie sich einander nah kommen, ist da ein Kind zwischen Ihnen. Manche Männer müssen sich erst daran gewöhnen. Die Frau wird ihnen ein Stück weit fremd.
Dass Sie sich nun auch in Ihren sexuellen Wünschen verändert haben und mehr Nähe von Ihrem Mann wollen, verunsichert ihn zusätzlich.
Es gibt Männer, die sich beim Geschlechtsverkehr beobachtet fühlen, nachdem ein Baby entstanden ist. Es ist gut, darüber zu reden und sich auszutauschen. Sensible Männer haben Angst, das Baby zu verletzen oder ihm Schaden zu-

zufügen, wenn sie bei ihrer Frau sind. Haben Sie Mut, gemeinsam mit Ihrem Arzt darüber zu sprechen, damit diese Befürchtungen zerstreut werden.

Zum Weiterdenken:

Sprechen Sie mit Ihrem Mann! Sagen Sie ihm von Ihrem Bedürfnis nach Nähe. Bitten Sie ihn, Sie mehr zu berühren. Vielleicht hat er Angst davor, überfordert zu sein. Finden Sie Alternativen.
Lernen Sie neue Spiele in Ihrer Ehe, um sich einander zu beschenken, auch ohne Geschlechtsverkehr.

Mein Mann zieht sich immer mehr von mir zurück

Seit der Geburt unseres Kindes brauche ich keinen Sex mehr. Beim Stillen wird meine Sehnsucht nach Nähe abgedeckt. Doch ich freue mich immer darauf, mit meinem Mann zu reden, wenn er nach Hause kommt. Der Austausch mit ihm ist für mich sehr wichtig, weil man sich mit einem Baby nicht unterhalten kann. Doch mein Mann zieht sich immer mehr von mir zurück.

Sie sind nicht nur Mutter, sondern auch Ehepartnerin. Durch die Geburt sind Sie Ihrem Mann ein Stück weit verloren gegangen. Wenn Ihre Ehe nur über Gespräch stattfindet, so kann er sich auch mit anderen Menschen austauschen. Er muss Sie wieder fühlen dürfen, um zu spüren, welchen Platz er in Ihrem Leben ausfüllt. Nur Vater und Versorger zu sein, genügt ihm nicht. Je mehr er spürt, dass Sie ihm nicht nur im Gespräch, sondern besonders in der Sexualität als seine Frau begegnen, umso mehr weiß er, dass er für Sie Gegenüber sein darf. Dann wird er sich auch für ein Gespräch öffnen können und gerne zuhören.
Und Sie werden merken, wie sich bei Ihnen wieder Gefühle für ihn einstellen, wenn Sie sich für ihn öffnen.

Zum Weiterdenken:
Vergessen Sie bei aller Freude über das Kind Ihren Mann nicht.
Je mehr er sich bei Ihnen geborgen fühlt,
umso mehr werden Sie ihn als liebevollen Ehepartner und Vater erleben.

Entzündungen im Genitalbereich

Wir haben drei Kinder und sind mit ihnen sehr glücklich. Ich habe alle Kinder gestillt, auch unser Jüngstes. Nun hat sich bei mir eine lästige Entzündung eingestellt, die ich trotz Behandlung durch den Arzt noch nicht losgeworden bin. Der Arzt sagte, dass die Entzündung umso schneller abklänge, wenn wir eine Zeit lang auf den Geschlechtsverkehr verzichteten. Außerdem muss auch mein Mann mitbehandelt werden, damit wir einander nicht immer wieder neu anstecken. Doch er meint, dies sei nicht notwendig, da er keine Beschwerden habe.
Für meinen Mann ist diese Zeit sehr schwer. Ich habe bei unseren Begegnungen solche Schmerzen, dass ich lieber keinen Verkehr mehr will. Mein Mann meint, ich hätte ein psychisches Problem und würde mich ihm nur verweigern. Dadurch haben wir oft Streit miteinander. Ich bin sehr verzweifelt. Was soll ich nur machen? Ich liebe meinen Mann immer noch, aber die Schmerzen sind einfach nicht auszuhalten, und außerdem will ich diese Entzündung endlich wieder ganz loswerden.

Wer Schmerzen hat, braucht kein Vergnügen, sondern Heilung. Es ist klar, dass Sie keinen Geschlechtsverkehr wollen, wenn Sie im Voraus wissen, dass es mit Schmerzen verbunden sein wird. Für Ihren Mann ist es allerdings auch schwer, Sie nicht mehr berühren zu dürfen. Er fühlt sich von Ihrem Leben ausgeschlossen, allein gelassen mit seinen Gefühlen.
Leider drücken die wenigsten Männer ihre Sehnsucht nach ihrer Frau liebevoll aus. Wenn sie die Nähe zu ihrer Frau vermissen, sind sie oft aggressiv.
Nehmen Sie Ihren Mann mit zum Arzt. Bitten Sie den Arzt, es Ihnen beiden zu erklären, auf was Sie achten müssen. Wenden Sie regelmäßig Ihr Medikament an und bestehen Sie darauf, dass Ihr Mann ebenso handelt.

Signalisieren Sie Ihrem Mann, dass Sie verstehen, wie schwer diese Phase für ihn ist. Erklären Sie ihm, dass es auch für Sie nicht einfach ist. Besprechen Sie miteinander, wie Sie dieses Problem gemeinsam lösen wollen. Vielleicht können Sie die Zeit bis zur Heilung mit Petting überbrücken. Petting ist sicher nicht dasselbe wie richtiger Geschlechtsverkehr, aber Zärtlichkeit und Gefühle können auch anders ausgedrückt werden. Fragen Sie Ihren Mann, was ihm dabei Spaß macht, gehen Sie auf seine Bedürfnisse ein. Das gibt ihm das Gefühl, mit seinen Spannungen nicht allein gelassen zu werden. Auf diese Weise verlieren Sie sich auch innerlich nicht.
Manchmal findet man im Rat von Apothekern zusätzliche Hilfe. Gelegentlich sind es sogar einfache Naturmittel. Auch wenn es von Ihnen selbst bezahlt werden muss, fragen Sie doch nach.

Zum Weiterdenken:

Das Gefühl füreinander bleibt nur dann auf der Strecke,
wenn wir aufhören, auf die Bedürfnisse des anderen zu achten.

Keine Gefühle mehr nach der Geburt unseres Kindes

Seit vier Monaten haben wir eine ganz süße Tochter. Mein Mann ist bestimmt genauso verrückt auf das Kind wie ich. Ich habe nur ein Problem: Wenn ich mit meinem Mann zusammen bin, fehlt mir jegliches prickelnde Gefühl. Ich bin seitdem auch nicht wieder zu einem Orgasmus gekommen, was vor der Geburt überhaupt kein Problem war. Stellen sich diese Gefühle wieder von allein ein?

Bei einer Geburt wird die ganze Scheide zum Geburtskanal, durch den das Kind hinausgeschoben wird. Dabei wird die Scheide extrem gedehnt, ebenso die Nerven und Blutgefäße.
Ständig verändern sich die Hormone, zuerst in der Schwangerschaft, dann mit der Geburt. Der Uterus (die Gebärmutter) bildet sich zurück. Hormone

bewirken, dass Milch produziert wird. Im Lauf der Wochen nehmen dann die Eierstöcke wieder ihre Tätigkeit auf. Eigentlich sind es lauter Wunder, die sich ereignen.

Auch psychisch verändert sich die Frau. Sie ist nicht mehr nur Ehefrau, sondern auch Mutter. Sie gibt ihrem Kind Nähe und empfängt Nähe. Das Kind muss versorgt werden, es fordert einen Teil ihrer Zeit und ihrer Gedanken. Die Frau muss in die neue Aufgabe hineinwachsen. Dabei tritt der Mann zunächst etwas in den Hintergrund.

Dass eine Frau aber keine Gefühle mehr beim Geschlechtsverkehr empfindet, liegt häufig am Dammschnitt bei der Geburt. Ich habe Frauen, die mir von diesem Problem nach der Geburt erzählten, immer gefragt, ob sie einen Dammschnitt hatten. Meistens wurde diese Frage bejaht.

Aufgrund der Befragung habe ich den Eindruck, dass darin die Ursache liegen kann. Mit mehreren Frauen war ich über Jahre danach in Kontakt. In der Regel bestätigen sie, dass im Verlauf von zwei Jahren, bei manchen auch in kürzerer Zeit, sich die Gefühle allein wieder eingestellt hätten. Das kann für das Paar eine lange Zeit sein.

Trainieren Sie Ihren Beckenbodenmuskel! Dadurch festigt sich der Beckenboden, und Sie bekommen neue Freude an Ihrer ehelichen Begegnung.

Bitten Sie Ihren Mann, Ihren Rücken zu massieren. Genießen Sie diese Berührung und nehmen Sie sie ganz bewusst wahr. Vor jeder neuen intimen Nähe fragen Sie ihn, ob er die Füße, die Beine, den Schulterbereich besonders massiert. Entspannen Sie ganz bewusst und entwickeln Sie neu ein Gefühl für Berührung. Sagen Sie ihm, was Ihnen gut tut. Entdecken Sie auf diese Weise Bereiche Ihres Körpers, die sie vorher so nicht wahrnahmen.

Berühren Sie einander bei Kerzenschein. Danken Sie Gott für jeden Körperteil.

Zum Weiterdenken:

Doch Ehe ist mehr, als einen Orgasmus zu haben.
Ehe heisst, einander immer wieder begegnen und sich einander in Liebe schenken. Werden Sie erfinderisch dabei.

Mein Mann berührt mich nicht mehr nach der Geburt unseres Kindes

Wir haben uns beide so sehr ein Kind gewünscht. Ich hatte eine gute Schwangerschaft. Mein Mann war auch bei der Geburt dabei. Sie war nicht ganz einfach, doch letztlich habe ich sie ganz gut überstanden. Ich staune, wie schnell mein Mann seine Vaterrolle angenommen hat. Er geht sehr liebevoll mit mir und dem Kind um. Doch inzwischen sind schon mehr als fünf Monate vergangen, ohne dass wir Geschlechtsverkehr gehabt hätten. Zu Anfang war das ja auch nicht möglich. Doch auch jetzt kommt mein Mann mir nicht nah. Wenn ich ihn darauf anspreche, antwortet er ausweichend, er hätte zu wenig Schlaf. Aber ich spüre, dass irgendetwas nicht mit ihm stimmt. Ich bin sicher, dass er keine Freundin hat. Es ist eher ein Problem in ihm, das er nicht richtig formulieren kann.

Viele Paare bereiten die Geburt gemeinsam vor. Oft ist der Mann dann auch bei der Geburt dabei, wie auch bei Ihnen. Er erinnert Sie daran, was zuvor in der Schwangerschaftsgymnastik gelernt worden war. Miteinander freuen Sie sich an dem kleinen Menschen, der da zur Welt gekommen ist.
Aber sensible Männer sind nach einer Geburt oft erschüttert. Ein Mann sagte mir voller Überzeugung: „Nach dieser Geburt wusste ich, dass ich meiner Frau nie wieder so etwas zumuten würde." Er hatte solchen Respekt vor seiner Frau, dass die sexuelle Lust in ihm ausblieb. Die Angst vor einer weiteren Schwangerschaft blockierte ihn. Auch Verhütungsmittel waren ihm nicht genug, da es überall Versagerquoten gäbe, war sein Argument.
Durch die Geburt wird die Frau zur Mutter. Manche Männer können diesen Begriff Mutter innerlich nicht richtig zuordnen. Sie übertragen ihr eigenes Mutterverhältnis auf das ihrer Frau. Mit dem Ausdruck Mutter verliert sich ihr Sexualempfinden ihrer Frau gegenüber.
Oft wird diese Störung erst im Lauf von mehreren Monaten nach der Geburt klar. Häufig ist die Frau zu sehr mit dem Säugling beschäftigt und erklärt sich die Zurückhaltung ihres Mannes mit seinem liebevollen Verständnis für ihre Überforderung.
Werden Sie neu die Geliebte Ihres Mannes. Richten Sie es ein, dass Ihr Kind wenigstens einmal pro Woche von Ihrer eigenen Mutter oder einem anderen vertrauensvollen Menschen versorgt wird.

Zum Weiterdenken:
Machen Sie Ihr Schlafzimmer zum „Liebesnest".
Kleiden Sie sich anziehend und laden Sie Ihren Mann ein.
Kündigen Sie es nicht groß an. Arbeiten Sie mit Überraschungseffekten.
Helfen Sie Ihrem Mann dabei, wieder seine Ehepartnerin in Ihnen zu sehen, und nicht nur die Mutter seines Kindes.

Wenn mein Mann nach Hause kommt, beginnt er zu staubsaugen

Seit drei Monaten haben wir eine süße, kleine Tochter. Wir sind beide ganz verliebt in sie. Manches bleibt aber seitdem in der Wohnung liegen, weil ich mit der Arbeit nicht mehr hinterher komme. Gegen 17 Uhr kommt mein Mann vom Geschäft nach Hause. Das ist die Zeit, in der ich die Kleine immer stille. Statt mir richtig Hallo zu sagen, nimmt mein Mann den Staubsauger und geht durch alle Räume. Ich finde den Lärm unerträglich. Im Wort Stillen liegt ja schon das Wort Stille. Und dann macht er solchen Krach! Außerdem empfinde ich das wie einen Vorwurf. Als wollte er mir sagen, ich sei nicht ordentlich. Wenn ich mit ihm reden will, wird er ärgerlich und zieht sich in sein Schneckenhaus zurück.

Vor der Geburt hatte Ihr Mann Sie allein für sich. Jetzt muss er Sie teilen. Er liebt auch Ihre kleine Tochter. Aber die ist ihm beim Nachhausekommen auch verwehrt. Sowohl seine Frau als auch sein Kind sind nicht zugänglich für ihn. Er sucht sich also eine Betätigung, damit er sich nicht überflüssig vorkommt und greift zum Staubsauger. Vielleicht will er damit zeigen, dass er Ihnen behilflich sein will. Aber statt einem Dankeschön bekommt er Vorwürfe.
Zeigen Sie Ihrem Mann wieder, dass er dazugehört! Verlegen Sie Ihre Stillzeiten! Wenn Ihr Mann nach Hause kommt, muss er wissen, dass er Ihnen wichtig ist.

Falls er es vermisst, sich dem Kind so richtig zuwenden zu dürfen, weil Sie ja stillen, versuchen Sie, ab und zu die Milch abzupumpen und in ein Fläschchen zu füllen. Dann könnte er sein kleines Mädchen auch einmal füttern.

Zum Weiterdenken:

Vor der Geburt hatte Ihr Mann Sie allein für sich. Jetzt muss er Sie teilen. Geben Sie Ihrem Mann wieder das Gefühl, dass er wichtiger ist als Ihr Kind.

VI.

Sexualstörungen nach schweren Erlebnissen

Ablehnung von Sexualität nach Fehlgeburt

Wir hatten uns beide so sehr auf dieses Wunschkind gefreut. Ich war bei allen Untersuchungen mit dabei, wir hörten, wie das kleine Herz schlug. Doch dann kam es in der 10. Woche zu einer Fehlgeburt. Seitdem ist meine Frau mir gegenüber völlig verschlossen. Ich darf sie höchstens in den Arm nehmen, wenn sie weint. Wenn ich sie damit trösten will, dass wir es noch einmal versuchen können, wird sie wütend und fühlt sich von mir nicht verstanden. Sie ist zu keiner ehelichen Gemeinschaft mehr bereit.

Sie hatten sich beide auf das Kind gefreut, zusammen die ersten Herztöne gehört. Irgendwann kam es zu einer Blutung. Zuerst hofften Sie miteinander, dass doch alles noch einmal gut werden würde. Schließlich musste Ihre Frau ins Krankenhaus zur Ausschabung.

Da war Trauer und Verzweiflung. Sicher litten Sie mit. Doch Ihre Frau erlebte es an und in ihrem eigenen Körper, wie dieses Kindlein aufhörte zu leben. Frauen berichten vom Gefühl des leeren Bauchs. „Als wäre meine Seele gestorben", bezeichnete es eine Frau. Oft entwickeln sich in der Frau zusätzliche Schuldgefühle: Hätte ich doch nicht die Kirschenernte mitgemacht oder nicht beim Umzug so schwer getragen!

Nach einer Fehlgeburt verliert die Frau oft das Gefühl für sich selbst, kann sich nicht mehr richtig wahrnehmen, stirbt ein Stück mit. Wenn eine Frau zu sich aber keinen Zugang hat, kann sie meist auch keine Sexualität ertragen. Sie erträgt sich selbst nicht. In der Trauer kann keine Lust aufkommen. Es scheint ihr wie ein Verrat an dem Ungeborenen zu sein, wenn sie sich ihrem Mann hingibt.

Ich kann Sie einfach nur bitten, weiterhin liebevoll mit Ihrer Frau umzugehen. Halten Sie das Schwere mit ihr aus. Lernen Sie zu trösten, wie sie es an-

nehmen kann. Versuchen Sie, mit ihr darüber zu sprechen. Schwächen Sie ihren Schmerz nicht ab.
Es gibt Selbsthilfegruppen, die sich treffen, um miteinander diese Thematik zu besprechen und aufzuarbeiten. Finden Sie heraus, wo es solche Gruppen gibt, und erzählen Sie Ihrer Frau davon.
Ich hoffe mit Ihnen, dass sie dadurch ihren Verlust überwinden kann und Sie wieder zusammen in eine gute Ehegemeinschaft finden.
Das ist eine Möglichkeit der Trauer nach Fehlgeburt. Doch es gibt auch eine andere. Selbst wenn der Frau klar ist, dass das Kind, das sie verloren hat, nicht zu ersetzen ist, will sie wieder Leben in sich tragen. Sie möchte dieses Gefühl der Leere ausfüllen mit einem neuen Kind. Dabei wird der Partner oft übersehen und nicht genügend einbezogen. Ein weiteres Kind soll die Lücke schließen. Leider wird solch ein Kind dann später oft zum Mittelpunkt der Familie und für zwei Kinder geliebt.
Doch das schadet letztlich der Partnerschaft und dem Kind.

ZUM WEITERDENKEN:

AUF DEN VERLUST EINES KINDES SOLL NICHT EIN WEITERER VERLUST AUFGESETZT WERDEN. AKZEPTIEREN SIE, DASS IHR PARTNER DEN TOD ANDERS VERARBEITET ALS SIE.

Schwere Störung nach Abtreibung

Wenn Paare wegen Sexualstörungen zu uns kommen, stellt sich manchmal eine frühere Abtreibung heraus. Häufig ist in den Frauen eine tiefe Verbitterung darüber, dass der Partner sie nicht in der Schwangerschaft unterstützt hat. Männer sagen oft, fast mit Stolz, dass sie der Frau die volle Entscheidungsfreiheit gelassen hätten, da diese ja auch die Kinder großziehen müsste. Doch Frauen würden gerade zu Beginn der Schwangerschaft sehr viel mehr die Ermutigung und das volle Ja ihres Mannes zu dem Kind benötigen.
Manche Frauen tragen ihren Männern die fehlende Unterstützung lebenslang nach. Es gibt Frauen, die sich nach einer Abtreibung vollkommen für sexuelle Berührungen verschließen. Sie kommen zu dem Schluss: Wenn der

Mann das Kind nicht wollte, bekommt er auch keinen Sex mehr.
Das ist nur eine Seite. Die andere ist, dass die Frau sich selbst tief verachtet. Sie verliert den Zugang zu ihrer eigenen Weiblichkeit. Wenn sie irgendwann zu der Erkenntnis kommt, dass sie ihr eigenes Kind getötet hat, verbietet sie sich selbst jede Freude. Sie will keine Nähe mehr zu ihrem Mann, weil sie die Nähe zu sich selbst verloren hat.
Deshalb raten manche Menschen, dass man das Thema Abtreibung einfach totschweigen soll. Man dürfe den Frauen keine Schuldgefühle darüber machen.
Das braucht man auch gar nicht! Frauen kommen irgendwann in ihrem Leben selbst zu diesem Punkt – doch dann werden sie allein gelassen. Weil man damit keine Probleme zu haben hat! Dieses Thema muss jedoch angesprochen werden, damit diese Fehlentscheidungen nicht mehr getroffen werden.

Abtreibung ist häufig die Folge von ungeklärten Lebenssituationen:

- Eine ungeplante Schwangerschaft kommt mitten in eine Erschöpfungsphase hinein. Die Frau fühlt sich damit völlig überfordert und findet niemanden, der sie unterstützt.
- Ein Kind entsteht durch einen Freund, den man sich nie als Ehepartner vorstellen könnte.
- Finanziell ist man in einer miserablen Lage, die Wohnung ist viel zu klein, der Mann arbeitslos.
- Man hat gerade eine Ausbildung begonnen oder ist noch nicht einmal mit der Schule fertig.
- Die Eltern der Schwangeren entscheiden, dass ihr schwangeres Kind viel zu jung sei.
- Der Arzt hat zum Abbruch geraten, weil die Diagnose „Downsyndrom“ oder eine andere Krankheit des Ungeborenen im Raum stand.

Im Vorfeld scheinen viele dieser Gründe verständlich zu sein, warum sich Frauen dazu entschließen oder überreden lassen, ein Kind abzutreiben. Im Nachhinein steht man vor den fast irreparablen Schäden. Nicht nur der kleine Mensch stirbt, zum Teil auf schreckliche Weise, auch die Mutter stirbt ein Stück mit. Denn dieses Kind war ein Teil von ihr selbst.
Frauen reagieren nach einer Abtreibung nicht alle auf die gleiche Weise.

Ich denke an eine junge Frau, die mich anschrie: „Ich war bei drei Therapien, aber niemand konnte mein Kind wieder lebendig machen."
Oder ich erinnere mich an jene Frau, bei der das Bewusstsein für das abgetriebene Kind erst in einer viel späteren Schwangerschaft auftauchte. Sie war so verzweifelt darüber, dass sie an Selbstmord dachte.
Aber auch die alte Dame von über 80 ist in meinem Kopf, die nicht sterben wollte, weil sie Angst davor hatte, ihrem abgetriebenen Kind zu begegnen.
Und jene Frau sehe ich noch vor mir, um die 60 Jahre alt, die jedes Pflänzchen rettete und nicht mit ansehen konnte, dass auch nur eines davon verdorrte. Die Ableger ihrer Pflanzen gab sie nur in ausgesuchte Hände, damit sie es überlebten. Diese Frau erlaubte sich keinen Urlaub, weil dann ihre Pflanzen gelitten hätten. Als ich mit ihr in ein tieferes Gespräch über ihr Leben kam, erzählte sie wie nebenbei, dass sie mehrmals abgetrieben hatte.
Eine wirkliche Hilfe geschieht in der Hinführung zum Opfertod von Jesus am Kreuz. Er starb für die Sünder, nicht für die Gerechten. Das Aufzeigen, dass er, wenn wir unsere Schuld bekennen, treu ist und uns vollkommen vergibt, ist eine wunderbare Zusage (1. Johannes 1,7-9).
In 1. Johannes 3,20 geht es noch weiter. Da steht, dass selbst dann, wenn unser Herz, d.h. unsere Emotionen, uns verdammen und verbieten wollen, das anzunehmen, Gott größer ist als unsere Gefühle! Das meint, dass Gott uns auch dann vergibt, wenn wir es nicht fassen oder begreifen können.
Die betroffenen Frauen frage ich, ob sie denken, dass es ein Junge oder ein Mädchen gewesen sei. Manche haben sofort eine Antwort. Andere sind zunächst erstaunt, denken nach – und haben dann immer einen Eindruck, ein Gefühl, was es gewesen wäre. Wir geben diesem Kind einen Namen, den die Frauen auch sehr schnell ausgesucht haben, als hätten sie ihn schon zuvor gewusst.
Ich spreche mit den Frauen ein Gebet, das sie nachbeten können, wenn sie wollen. Dabei bitten sie den Herrn Jesus Christus um Vergebung ihrer Schuld. Das geschieht meist unter vielen Tränen. Manche Frauen wollen danach auch ihr Kind um Vergebung bitten. Sie sprechen ihr Kind mit dem neuen Namen an und bitten es ebenfalls um Vergebung.
Frauen rechtfertigen sich selten damit, warum sie sich zu diesem Schritt hinreißen ließen. Sie erklären höchstens, wie es dazu kam. Aber immer stehen sie zu ihrer Schuld.
Nach dem Gebet wirken diese Frauen oft wie Menschen, denen man das Le-

ben neu geschenkt hat. Sie sehen erleichtert und befreit aus. Welch ein Geschenk von Gott, dass er unsere Schuld durch den Opfertod von Jesus in die Tiefe des Meeres versenkt!
Doch die Aufarbeitung der Vergangenheit, das Verlernen, sich selbst mit Depression zu bestrafen, braucht noch Zeit und Begleitung.
Dazu gehört auch, dem Ehepartner für die fehlende Unterstützung zu vergeben oder auch dafür, dass er einen zur Abtreibung gedrängt hatte.
Ebenso muss neu eingeübt werden, Ehe zu leben und sich nicht einfach vor dem Ehepartner zu verschließen. Das dauert oft noch eine ganze Zeit und braucht immer neue Unterstützung von seelsorgerlichen Menschen, damit festgehalten werden kann, was Gottes Wort sagt: vollkommene Vergebung und Heilung.
Missbrauch, Vergewaltigung und Abtreibung sind m. E. die schlimmsten Gefängnisse, in denen Menschen sitzen können.
Aber dazu ist der Sohn Gottes erschienen, dass er die Werke des Teufels zerstöre (1. Johannes 3,8).

Zum Weiterdenken:

Schuld wird nicht dadurch aufgehoben,
dass wir uns selbst weiter beschuldigen.
Wir zerstören dadurch nur noch mehr Menschen und uns selbst.
Für Schuld gibt es nur einen Platz, der uns heilen kann: Das Kreuz,
an dem der Herr Jesus Christus alle Schuld der Welt getragen hat,
auch diese.

Sexuelle Störungen nach dem Tod eines Kindes

Leider haben wir viele Ehen scheitern sehen, wenn ein Kind starb.
Frauen werden depressiv, Männer brechen aus, suchen irgendwelche Vergnügungen, die vorher nie aktuell waren.

Männer und Frauen verarbeiten schwere Lebensführungen auf unterschiedliche Weise. Häufig sucht der Mann Entlastung von Spannungen in der

Sexualität. Bei seiner Frau findet er Geborgenheit. Da kann er loslassen, und es geht ihm danach besser. Vieles wankt, aber seine Frau ist noch für ihn da. Gedanklich kann der Mann in der Regel besser abschalten, wenn er sich einer Sache ganz zuwendet. So sucht der Mann im Beruf Ablenkung. Das Leben muss auch trotz Schwierigkeiten weitergehen. Der Mann leidet meist mehr im Innern, phasenweise. Das Sprechen über den Tod seines Kindes hilft nicht, dass es wieder lebendig wird. Er meidet dieses Thema. Man muss nicht ständig über das Leid sprechen. Er verdrängt es lieber.

Für die Frau wirkt der Mann durch sein Verhalten oberflächlich. Er wird ihr fremd. Weil er nicht darüber reden will, macht sie ihm Vorwürfe, entzieht sich ihm. Sie hat das Empfinden, er habe das Kind nicht richtig geliebt. Dadurch fühlt sie sich in ihrem Leid auch von ihm nicht verstanden.

Die Frau ist innerlich nicht mehr bei ihrem Mann und verschließt sich immer mehr. Ihre Aufarbeitung des Schmerzes geschieht, indem sie darüber sprechen darf, die schrecklichen Momente wiederholt. Immer wieder muss sie über das Sterben reden und empfindet dadurch Erleichterung.

Für den Mann sind diese Wiederholungen, als ob die Wunden immer neu aufgerissen werden.

Er will nicht mehr darüber reden. Es ist vorbei. Man kann nicht ständig über etwas nachdenken, das dadurch nicht zu ändern ist. Durch Konzentration auf seine Arbeit, den Beruf, verdrängt er dieses Geschehen, um weitermachen und weiterleben zu können. Er kann und will sich den Schmerz nicht immer vor Augen führen.

Frauen mit schweren Verlusterlebnissen verschließen ihr Inneres vor der Freude. Sie verbieten sich zu lachen oder etwas Schönes zu empfinden. Es käme ihnen wie Verrat, wie ein Hohn dem Menschen gegenüber, den sie liebten und verloren haben, vor. Sie verpflichten sich dem Leid. Es scheint ihnen die einzige Möglichkeit der Trauerbewältigung zu sein.

Sie sehnen sich danach, verstanden zu werden, erlauben es aber niemandem, sie zu verstehen, weil sie ihr Leid zu groß ansehen, als dass es jemand verstehen könnte. Niemand leidet so wie sie. Es ist ein gewisser Stolz im Leid, niemanden an sich ganz nah heranzulassen, weil dieses Leid einmalig ist.

Der Mann, der mit dem ständigen Vorwurf leben muss, seine Frau nicht zu verstehen, gibt es schließlich ganz auf. Er zieht sich zurück, verschließt sich. Verstand er zu Anfang noch, dass seine Frau keine körperlich Nähe wollte, fühlt er sich jetzt aus ihrer Welt ausgeschlossen. Er gerät in Versuchung, sich

mit anderen Frauen zu trösten oder eine Frau zu finden, die ihn in seinem Abgelehntwerden versteht. Jemanden, der auf ihn zugeht, ihn gut findet.
Die Ehepartnerin stürzt aber noch tiefer ab, wenn zu dem einen schweren Leid ein weiteres hinzugefügt wird. Oft geht dabei schließlich auch noch das Vertrauen in Gott verloren, das durch den Tod oft schon gebrochen war.
Wenn beide Ehepartner kommen, kann ich ihnen aufzeigen, wie sie einander im Leid beistehen können. Wir machen dem Ehemann Mut, sich Zeit zu nehmen, um seiner Frau immer wieder zuzuhören, auch wenn es ihm schwer fällt. Wir üben mit ihm ein, wie er aktiv zuhören lernt und das auch durch Mimik und Gestik zeigen kann.
Die Frau soll wissen, dass auch ihr Mann leidet, dass aber seine Art der Verarbeitung auf einer anderen Schiene abläuft, ohne dass er oberflächlich ist.
Wir versuchen dem Paar zu vermitteln, dass das Kind durch seinen Tod die Ehe der Eltern nicht trennen wollte. Sicher litte es darunter, wenn dies durch seinen Tod verursacht würde.
Für Frauen kann es hilfreich sein, eine Selbsthilfegruppe – bei Verlust eines Angehörigen – zu besuchen, in der das Leid immer wieder ausgesprochen werden darf und Hilfestellung gegeben wird. Es tut gut, Menschen zu treffen, die Ähnliches durchlitten haben.
Scheuen Sie sich nicht, einen Arzt aufzusuchen und über eine bestimmte Zeit Medikamente einzunehmen, die Ihnen helfen, das Leben zu bewältigen. Das ist kein Verrat am Verstorbenen, sondern ein Mittel, um die Lebenden am Leben zu erhalten.

Zum Weiterdenken:

Die körperliche Begegnung sollte weiter stattfinden, auch wenn die Frau zunächst keine Gefühle empfindet, weil sie sich als Ehepaar sonst verlieren. In diesen Momenten muss das Leid bewusst ausgeklammert werden, damit der Mensch nicht vergessen wird, der noch lebt.

VII.

Erotik und Pornographie

Fernsehsucht?

Mein Mann definiert sich hauptsächlich übers Fernsehen. Es scheint mir, als sei er informations- und fernsehsüchtig. Mehr als vier Stunden schaut er täglich fern. Vieles interessiert ihn, angefangen mit Sport, Politik, Zeitgeschichte, Kabarett. Wenn er lange genug zappt, findet er immer wieder irgendetwas, das ihn fesselt.

In manchen Spielfilmen kommen immer wieder Szenen vor, bei denen wir ins Streiten kommen, wenn ich gerade auch im Raum bin.

Sexualverkehr, Vergewaltigungen, okkulte Praktiken oder Symbole in Science-Fiction-Filmen – all das verletzt meine Seele zutiefst. Mein Mann sucht zwar nicht solche Szenen, aber er schaltet dann auch nicht um oder ab.

Auch wenn ich selbst das Zimmer verlasse, so vergiftet er doch seine Seele. Auch unser Sexualleben belastet das. Denn wie sollen wir eine wertschätzende, einmalige Sprache der Liebe entwickeln, wenn wir anderen dabei zusehen, wie es nicht geht!

Wir halten uns beide für Christen. Deshalb irritiert es mich noch mehr.

In Filmen ist oft die Frau die Initiatorin zum Geschlechtsverkehr. Deshalb empfindet der Mann, der sich in diese Welt hineinbegibt, die eigene Frau manchmal unnormal oder verklemmt. Dass in solchen Filmen, wie auch leider in der Wirklichkeit, Frauen mit ständig wechselnden Partnern Sexualverkehr haben, ist normal. Die Frau aber, die sich ständig anderen Männern hingibt, ebenso der Mann, verliert ihre Fähigkeit zur Bindung. In der Sexualität findet sie für kurze Zeit ihren Traum verwirklicht, einen Menschen zu besitzen, ihn für sich allein zu haben. Wenn der Traum durch die Wirklichkeit zerschellt, gibt sie sich dem nächsten Traum hin, um überleben zu können. Aber das Innere dieser Frauen bleibt auf der Strecke. Es reduziert sich auf Sexualität.

Eigentlich sind diese Frauen nur zu bedauern.
Was viele Männer dabei anmacht, wahrscheinlich auch Ihren Mann, ist, dass sie gerne um sich werben lassen. Sie möchten von der Frau begehrt werden. Sie wünschen sich, dass die Frau sie verführt und dass sie nicht selbst erst werben müssen, bevor sie Nähe bekommen. Es ist wohl die Sehnsucht des Mannes, mit seiner Sexualität angenommen zu sein und sich darin bestätigt zu sehen.
Diesen Teil würde Ihr Mann natürlich gerne in Ihrem Eheleben verwirklicht sehen. Er drückt damit aus, dass Sie ihn auch auf diese Art verführen sollten.
Auf der anderen Seite wäre er sicher entsetzt, wenn Sie nebenbei Ihr Verhältnis zu einem Hausfreund pflegen würden. In dieser Beziehung möchte Ihr Mann Sie dann schon lieber ganz allein für sich haben.
Ihr Mann hat sich offensichtlich noch nicht so sehr mit den Empfindungen einer Frau vertraut gemacht. Für viele Männer ist es unvorstellbar, dass Frauen einen Tag verbringen, ohne über Sexualität nachzudenken. Dass Sexualität in der Frau oft erst geweckt wird, wenn sie sich auf den Mann einlässt, kann er nicht begreifen. Er überträgt sein männliches Denken auf Sie und findet Sie deshalb unnormal.
Frauen leben und leiden mehr im Bereich von Beziehungen. Sie kreisen gefühlsmäßig um ungeklärte Familienverhältnisse, sind in Sorge um die alten Eltern, setzen sich mit Gemeindeschwierigkeiten auseinander, brüten über Schulprobleme der Kinder, versuchen sich verletzende Aussagen von Nachbarn zu erklären, ärgern sich über Dorfgeschwätz, leiden mit lieben Menschen, die krank sind. Frauen sind gedanklich fast ständig damit beschäftigt, Beziehungen zu anderen Menschen, vor allem nahe stehenden, zu untersuchen und zu klären.
Der Alltag mit den unterschiedlichsten Arbeiten gibt ihnen dann den Rest. Wenn sie schließlich mit ihrem Mann, den sie eigentlich lieben, im Bett liegen, müssen sie gedanklich erst einiges abschließen, bevor sie sich innerlich auf Sexualität einlassen können. Sie sind wie Spaziergänger, wenn sie sich auf die sexuelle Begegnung vorbereiten, und brauchen Zeit, um sich darauf einzustellen.
Für die Frau ist Sexualität am Ende eines arbeitsreichen Tages so etwas wie eine zusätzliche Anstrengung. Für den Mann ist es wie ein Heimkehren an seinen liebsten Ort: den Schoß der Frau. Dort ist er geborgen, dort findet er

Heilung, dort ist seine Sehnsucht gestillt, dort braucht er nichts mehr zu bringen. Dorthin will er auch gerne von ihr geführt (verführt) werden.
Je mehr ein Mann im Beruf gefordert ist, umso mehr sucht er Nähe zu seiner Frau. Es ist manchmal das einzige Vergnügen, das er sich gönnt.
Er fühlt sich wie betrogen, wenn er im Beruf alles gibt, um die Familie finanziell zu versorgen, aber dann von seiner Frau keine Nähe erfährt.
Eine andere Möglichkeit ist es, dass er sich zurückzieht und vergräbt. Oder auch, dass er sich mit der Sekretärin abgibt, weil die sich ihm anbietet, während die eigene Frau durch seine fehlende Werbung oft gar nicht will.
Aber auch der Mann, der im Beruf versagt, der nichts auf die Reihe bringt, sucht häufige Begegnungen mit seiner Frau. Wenigstens dort will er sein Mannsein beweisen, wenigstens dort nicht versagen. Doch durch seine brummige, unzufriedene Art ist es für die Frau oft schwer, sich auf ihn einzulassen. Manchmal ist er so depressiv von seinem eigenen Versagen, dass er auch zu Hause nicht mithilft. Die ohnehin überlastete Frau ist dann wie zugeschnürt, wenn er nach Beschimpfungen und Unmut plötzlich zum überschwänglichen Liebhaber wird.
Der Mann will begehrt sein. Er will sich angenommen fühlen, auch in seiner Sexualität. Er möchte spüren, dass die Frau ihn haben will. Eigentlich will er gefügig sein, ein guter Ehepartner. Jetzt in der Sexualität will er zeigen, dass sie ihn verführen darf und dass er sich auf sie einlässt.
Dass Ihr Mann sich wünscht, Sie sollten stöhnen oder sonst verrückt spielen, zeigt den tiefen Wunsch, Sie so glücklich zu machen. Er möchte Ihnen so gerne zeigen, dass er Sie echt liebt. Er wünschte sich solch ein Erlebnis, um sich selbst zu sagen: Jetzt endlich habe ich es geschafft, ihr etwas Außergewöhnliches zu geben. Endlich bin ich der Liebhaber, der sie zu solch einem Traum bringt.
Seine eigene Vorstellung von Begegnung möchte er Ihnen auch schenken. Für ihn ist es weder begreifbar noch vorstellbar, auf welcher Ebene Sie sexuelle Nähe als beschenkend erleben. Er kann nicht nachvollziehen, dass es ganz andere Dinge sind, durch die Sie sich zu ihm hingezogen fühlen.
Die meisten Frauen wünschen sich das durchgängige Gefühl, geliebt zu werden, mehr als einen gelegentlichen sexuellen Rausch, der nach Stunden wieder verraucht ist.
In der Atmosphäre des Geliebtwerdens öffnen wir Frauen unser Innerstes für unseren Mann und werden fähig, uns mit unseren Gefühlen fallen zu lassen.

Sehen Sie seine Argumente nicht als gegen sich gerichtet an. Viele richtet er gegen sich selbst und spürt vielleicht sogar, dass Sie Recht haben.
Da Sie beide Ihr Christsein ehrlich wollen, haben Sie andere Kriterien als Menschen, für die das keine Rolle spielt. Sagen Sie, was Sie über entsprechende Filme oder Szenen denken. Seien Sie eine echte Gehilfin und nehmen Sie darin Ihre Rolle ein.
Haben Sie Mut, Ihren Mann hin und wieder ein wenig in eine Traumwelt zu verführen, die er sich wünscht. Es ist Ihr Mann. Verführen Sie ihn ruhig! Werden Sie seine Geliebte! Er muss wissen, dass Sie nach der Arbeit auf ihn warten, nicht nur, um über die Schwierigkeiten des Tages zu reden. Er möchte umgarnt werden als etwas Kostbares, das es wert ist, sich mit ihm eins zu machen, gar nicht länger warten zu können, als ihm in den Armen zu liegen. Vielleicht ist er deshalb auch manchmal so hart zu Ihren Kindern, weil er spürt, dass sie, ohne etwas leisten zu müssen, in ihren Bedürfnissen voll von Ihnen ernst genommen werden.
Geben Sie ihm gelegentlich eindeutige Tipps, dass Sie auf ihn warten. Verführen Sie ihn nicht wie eine Prostituierte, sondern wie eine Geliebte, die auf der Suche nach seinem Herzen ist. Suchen Sie sein Herz, das so sehr nach Nähe schreit und so ungeschickt die Botschaften dafür verpackt.
Wenn die Kinder schon im Bett sind und Sie bekommen mit, dass Ihr Mann gerade eine Sendung ansieht, die Sie bedrückt, inszenieren Sie eine eigene Show. Ziehen Sie sich vor ihm aus, schmiegen Sie sich an ihn. Sagen Sie zu ihm: Wir brauchen das nicht anzusehen, das können wir auch!
Ich weiß, dass Sie ein kreativer Mensch sind. Leben Sie Ihre Kreativität in Ihrer Ehe!
Bitten Sie Gott dabei um Weisheit.
Beobachten Sie nicht so sehr Ihren Mann. Leben Sie vor Gott ein Leben, das ihm gefällt.

Zum Weiterdenken:

Was wir anschauen, verändert uns. Mit was wir uns beschäftigen, das wird uns beschäftigen, je länger wir uns damit beschäftigen!

Mein Mann schaut heimlich Porno-Videos

Vor einigen Tagen wachte ich mitten in der Nacht auf. Normalerweise schlafe ich durch und schlafe auch sehr tief. Ich war einige Zeit wach und wunderte mich, wo mein Mann so lange blieb. Als ich aufgestanden war, hörte ich, dass der Fernseher lief. Ich ging zum Wohnzimmer und sah, wie mein Mann einen Sexfilm anschaute. Für mich war es abstoßend, was er sich da anschaute. Aber das war nicht einmal das schlimmste. Er war so sehr mit sich selbst beschäftigt, dass er mich nicht einmal bemerkte. Zu meinem Entsetzen sah ich, dass er masturbierte.

Ich war umso mehr enttäuscht, weil mein Mann im Bett immer vorgibt, total übermüdet zu sein. Wir haben seit Monaten so gut wie keinen Sex mehr. Ich komme mir richtig betrogen vor.

Leise ging ich zurück ins Bett. Mein Mann weiß nicht, dass ich ihn beobachtet habe. Seither bin ich tief traurig.

Sprechen Sie mit Ihrem Mann. Sagen Sie ihm, was Sie gesehen und wie Sie sich dabei gefühlt haben. Sagen Sie ihm, dass Sie es vermisst haben, wenn er nicht zu Ihnen kam.

Vielleicht ist Ihr Mann wirklich überfordert. Er hat keine Kraft, sich Ihnen zu öffnen oder um Sie zu werben. Er möchte Sie aber auch nicht einfach mit seiner Sexualität belästigen. Möglicherweise hat er auch Angst, von Ihnen abgewiesen zu werden, weil das schon einmal so passierte.

Es mag auch ein Problem sein, dass er seine Erektion nicht mehr so lange aufrechterhalten kann und meint, von Ihnen dann ausgelacht oder nicht als ganzer Mann akzeptiert zu werden. Er meidet Sie, um nicht als Versager dazustehen.

Selten will ein Mann über das, was ihm Angst macht oder was er nicht bewältigt, sprechen. Er fühlt sich damit klein und ungenügend. Oftmals ist ihm selbst nicht klar, warum er so handelt. Es ist einfach der leichtere Weg, weil er sich dann nicht um Sie und Ihre Gefühle kümmern muss. Doch ist es wichtig, dass Sie ihm ohne Vorwürfe sagen, dass Sie sich dadurch betrogen fühlen und Ihre Gefühle verletzt werden. Erklären Sie es, so gut es Ihnen möglich ist. Beschreiben Sie ihm, dass Sie sich dadurch verachtet fühlen, wenn er solche Filme anschaut. Dass Sie den Eindruck haben, dabei schlecht abzuschneiden gegenüber solch einem perfekten Körper, den er gesehen hat.

Sprechen Sie über Ihre Befürchtung, dass er vielleicht, wenn er dann wieder mit Ihnen zusammen ist, dieses Bild von der anderen Frau im Kopf habe und nicht Sie und dass Ihnen das sehr wehtut.
Ob sich durch Ihr Aussprechen etwas verändert, ist ungewiss. Aber Ihr Mann weiß wenigstens, wie Sie sich dabei fühlen. Die Entscheidung, solche Filme nicht mehr anzuschauen, muss er selbst fällen. Niemand kann einen Menschen in eine andere Richtung bringen, wenn dieser es nicht will.

Zum Weiterdenken:

Pornographie wirkt zerstörend auf die Ehebeziehung.
Männer, deren Sexualfunktion nicht mehr klappt,
reagieren sich häufig mit Selbstbefriedigung ab.
Das ist für die Ehefrauen, wenn sie es merken, meist ein grosser Schock.
Aus Angst, nicht zu funktionieren,
handelt der Mann dieses Thema für sich selbst ab.
Manchmal will er die Frau mit seiner Sexualität auch nicht bedrängen.
Aber er entzieht sich ihr damit und nimmt ihr etwas, was ihr gehört!
Der Apostel Paulus sagt dazu:
„Ebenso gibt der Ehemann seiner Frau das Recht über seinen Körper"
(1. Korinther 7,4-5).
Die Frauen fühlen sich häufig vom eigenen Mann darin betrogen
(möglicherweise geht es ihnen dann ähnlich wie Tamar,
zu der Onan einging, ohne ihr den Samen zu geben; 1. Mose 38).

Ich schaue so gerne Liebesfilme

Manchmal kann ich mich in diese Personen gefühlsmäßig so stark hineinversetzen, dass ich weine. Mein Mann schaut solche Filme nicht mit mir an. Doch wenn er zufällig hereinkommt und sieht, dass ich weine, regt er sich schrecklich auf. Doch für mich bricht jedes Mal eine Welt zusammen. Ich sehne mich bei solch einem Film einfach nach einem verständnisvollen Partner, der mich tröstet oder wenigstens ein ganz klein wenig nett ist.

Liebesfilme haben selten ein tragisches Ende, meistens ein Happyend. Die Liebenden verstehen sich, geben alles auf füreinander, haben selten Missverständnisse außer der bösen Umwelt, und lieben sich für immer und ewig. Menschen, die harmoniebedürftig sind, finden in solchen Filmen ein klein wenig heile Welt. Sie arbeiten dabei ein Stück weit ihr Unglücklichsein auf, verarbeiten dabei sogar manchmal auch die eigene Problematik. Die Tränen helfen dabei, über Freud und Leid zu weinen und Spannungen abzubauen.
Die Gefahr ist, sich in diesen Filmen mit dem Paar zu vergleichen. Ist man Single, empfindet man das Alleinsein noch unerträglicher. Ist man verheiratet, schneidet der eigene Partner in der Regel schlecht ab. Der Filmschauspieler wird zum Traumpartner. Es könnte so schön sein, hätte man nur solch einen Partner oder würde der eigene Mann sich so verhalten!
Wenn Sie nach dieser Art Film immer nur Trübsal fühlen, verbieten Sie sich solche Filme. Es zerstört auf Dauer Ihre eigene Beziehung oder weckt auf schmerzliche Weise unerfüllte Wünsche. Hier gilt: Wenn eine Frau einen Mann ansieht, ihn zu begehren in der Art, wie er mit einer Frau liebevoll umgeht, so bricht diejenige auch die Ehe.
Sicher schadet es Ihnen nicht, wenn Sie ab und zu solch einen Film ansehen. Aber finden Sie auch in der Wirklichkeit Dinge, die schön sind, und freuen Sie sich darüber. Flüchten Sie nicht nur in die heile Welt des Filmes, sondern füllen Sie Ihr Leben mit Dankbarkeit für das Gute, das Sie haben.

Zum Weiterdenken:

Leben und Wirklichkeit klaffen so sehr auseinander, dass der Zuschauer sich nach dem Film in der Welt nicht mehr zurechtfindet. Man bedauert sich selbst.

Mein Mann möchte, dass ich Genitalschmuck trage

Mein Mann ist ganz verrückt darauf, dass ich Genitalschmuck trage. Er drängt mich immerzu. Darin läge seine eigentliche Erfüllung in unserer Sexualität, sagt er mir. Es geht so weit, dass er seit längerer Zeit sogar darum betet, dass Gott mir endlich die Einsicht dazu geben soll, dass ich damit einverstanden sei. Ich soll zum Arzt gehen, um mir Entsprechendes einsetzen zu lassen. Mein Mann ist von mir tief enttäuscht, dass ich nicht einwillige. Aber auch mit Gott hadert er, weil Gott mir das nicht vermittelt, was er als so lebensnotwendig ansieht.
Doch ich kann mir absolut nicht vorstellen, darauf einzugehen. Schon allein der Gedanke, bei einem Arzt so etwas vorzutragen, beschämt mich. Außerdem ist die Vorstellung, im Genitalbereich einen Fremdkörper in mir zu tragen, für mich regelrecht abstoßend.
Durch den Druck, den mein Mann ständig auf mich ausübt, bin ich ganz verunsichert.

Niemand darf einen anderen Menschen bedrängen, in keinem Bereich seines Lebens! Wenn solcher Druck auch noch in der Ehe stattfindet, stirbt die Liebe. Wir kommen auf die Ebene: „Wenn du ..., dann ..." oder auch „Wenn du nicht ..., dann ..." Das ist keine Basis, auf der sich Menschen entgegengehen können, um sich liebevoll in die Augen zu schauen.
Bei Ihrem Mann hat eine Fixierung stattgefunden. Er macht die Erfüllung seiner Lebensqualität abhängig von einer bestimmten Handlung, die Sie ausführen müssen. Niemals kann das zu einem glücklichen Ausgang führen.
Sie werden zum Sündenbock dafür, dass es ihm nicht gut geht. Wären Sie nur einsichtig, könnte er ein glückliches Leben führen! Welche Verirrung! Er sieht in Ihnen nicht mehr den Menschen, sondern das Mittel zu seiner Befriedigung.
Entweder versucht er damit sein Leben zu füllen, dass Sie schuld sind an seinem Unglück – und das auch immer bleiben werden, weil er spürt, dass Sie nicht nachgeben werden ...
Oder er meint wirklich, dann glücklich sein zu können, wenn diese Aktion stattgefunden hat.
In jedem Fall ist er zwanghaft fixiert auf etwas, das ihm nie auf Dauer das bringen wird, was er sich erhofft.

Was würde geschehen, wenn Sie sich heute, aufgrund des dauernden Drucks, einer solchen „Behandlung“ unterzögen?
Für Ihren Mann wäre sein derzeitig größter Wunsch erfüllt. Doch das würde nur kurze Zeit anhalten. Entweder würde er sich danach enttäuscht von Ihnen abwenden, wahrscheinlicher aber wäre, dass er Weiteres in dieser Richtung von Ihnen wünschen wird.

Zum Weiterdenken:

Wer nur auf Druck seines Ehepartners handelt, ohne selbst davon überzeugt zu sein, dass es auch richtig für ihn selbst ist, missachtet seine Gefühle. Oft verachtet er auf Dauer auch den Ehepartner, weil er sich von ihm missbraucht fühlt. Die letzten noch vorhandenen Gefühle für ihn gehen dabei verloren.

Gibt es Verbote in der Ehe?

Mein Mann möchte, dass wir Stellungen während des Geschlechtsverkehrs praktizieren, die mir nicht gefallen. Er hätte auch Freude an oralem Sex. Das kann ich mir überhaupt nicht vorstellen. Wir sind beide Christen. Was sagt die Bibel dazu?

Jedes Ehepaar hat seine eigenen Spielregeln. Es gibt Spiele, an denen manche Ehepartner Freude haben, die von anderen Paaren völlig abgelehnt würden.
Es geht in erster Linie um das Erleben in Ihrer Ehe. Was können Sie beide bejahen, was tut Ihnen beiden gut? Das ist das eigentliche Kriterium.
Jeder Mensch hat ein eigenes Empfinden für Schönes. Wenn ein Ehepartner eine Sexualpraktik als störend oder irritierend wahrnimmt, hindert es das Zusammenwachsen des Paares.
Es gibt keine bestimmte Stellung, die als besonders „heilig“ angesehen werden sollte. Das ist von Volk zu Volk oft auch ganz verschieden.
Manche Christen wenden sich entschieden gegen oralen Sex. Doch in der Bibel ist darüber nichts ausgesagt. Sie gibt uns darin eine große Freiheit. Es

bleibt jedem Ehepaar selbst überlassen, wie es damit umgehen will. Verboten in der Bibel ist jede Art, einen anderen Menschen außer dem Ehepartner in die Ehebeziehung einzubeziehen. Dazu gehören auch Filme, die die Fantasie in eine falsche Richtung lenken und den Ehepartner beschmutzen.

Zum Weiterdenken:

Kein Partner sollte den anderen zu einer Praktik bedrängen, die ihm missfällt, ihn abstösst oder ihm sogar schadet. Hier darf keiner überrumpelt oder überredet werden.

VIII.

Persönlichkeitskrisen

Die Gefühle der Frau über 40

Seit ich die 40 überschritten habe, empfinde ich viele Veränderungen. Zwar ist mein Zyklus unverändert, aber mein Inneres reagiert mit Mangelerscheinungen. Da ist eine Sehnsucht nach Anerkennung. Gleichzeitig habe ich das Gefühl, meine Attraktivität verloren zu haben, die Angst vor dem Altern greift nach mir. Ich habe endgültig begriffen, dass ich nicht mehr zu den Jugendlichen gehöre. Unsere Kinder sind halbwegs erwachsen, kommen und gehen, wann sie wollen. Sie brauchen mich hauptsächlich, damit ich ihre Wünsche erfülle. Ansonsten orientieren sie sich nicht mehr an zu Hause.
Auch mein sich verändernder Körper weckt Minderwertigkeitsgefühle in mir. Ich habe so sehr zugenommen.
Doch am meisten bedrückt mich, dass mein Mann in Arbeit versinkt und keine Zeit hat. Falls ich ihm wirklich einmal sagen kann, wie es mir geht, schickt er mich zum Arzt, um feststellen zu lassen, was mir fehlt.
Ich fühle mich so einsam wie ein Gegenstand, der nicht mehr gebraucht wird. Wenn ich vor dem Spiegel stehe, verachte ich mein Aussehen. Ich will mich meinem Mann auch nicht mehr hingeben. Wie kann er so etwas lieben?
Trotzdem sehne ich mich mehr als zuvor nach seiner Anerkennung, seiner Liebe. Ich möchte geliebt werden und spüre gleichzeitig, wie wenig liebenswert ich bin.
Sollte ich doch noch ein anderes Leben beginnen, mich scheiden lassen, einen Mann finden, der mich liebt, wie ich bin? Oder soll ich noch einmal in den Beruf einsteigen?
Bitte helfen Sie mir!

Probleme lösen sich nicht dadurch, dass man sich scheiden lässt oder noch einmal in den Beruf einsteigt. Ihre Krise durchleben und erleiden viele Frauen.

Während die verheiratete Frau, die Kinder hat, durch diese viele Jahre lang herausgefordert wurde, fällt diese Aufgabe plötzlich weg. Die Kinder gehen ihre eigenen Wege.
Die Frau bleibt zurück und fühlt sich oft wie ein Kleidungsstück, das abgelegt wird. Die Sinnfrage für ihr Leben stellt sich. Neue Sehnsucht nach Partnerschaft wacht auf. Doch häufig ist die Ehe im Lauf der Jahre in einem frühen Entwicklungsstadium zurückgeblieben. Die Kinder nahmen den Platz ein, man beschäftigte sich nicht mehr so sehr mit dem Ehepartner.
Die Frau sehnt sich jetzt nach ihrem Mann. Dieser hat sich aber inzwischen sein eigenes Leben aufgebaut oder sich mit dem Zustand abgefunden, nur am Rande der Familie zu stehen. Er kann nicht nachvollziehen, was die Frau plötzlich von ihm will. Weshalb soll er plötzlich Rosen schenken oder „Ich liebe dich" sagen? Außerdem zeigt seine Frau keine besondere Liebenswürdigkeit. Er versteht ihre Not nicht und hört nur Unzufriedenheit und Vorwurf aus ihren Worten. Dadurch reagiert er unwillig und distanziert sich innerlich noch mehr, sucht eigene Wege, um sich das Leben erträglicher zu gestalten oder flieht in eine Beziehung zu einer anderen Frau.
Für die Frau ist das ein weiterer Schlag. Oft sucht sie verzweifelt nach Liebe. In dieser Zeit fallen viele Frauen in Depressionen, denken an Scheidung. Manche versuchen, auch wieder in den Beruf einzusteigen.
Krisen brauchen Zeit, um gelöst zu werden.
Das Erste ist, dass Sie sich klar machen, dass Sie in der schweren Phase der Lebensmitte sind. Sie werden für sich selbst viel Geduld aufbringen müssen. Machen Sie Ihren Selbstwert vor allen Dingen nicht an Ihrer Figur fest. Sie sind wertvoll, weil Gott Sie geschaffen hat, nicht weil Sie so schlank sind, wie die Mode Ihnen vormacht sein zu müssen.
Wenn Sie die Möglichkeit haben, nochmals in Ihren Beruf einzusteigen, nehmen Sie dies wahr. Oft hilft das, um nicht ständig um Probleme zu kreisen und Ihre Gedanken mit Neuem zu beschäftigen. Aber verdrängen Sie dabei nicht diese Phase, die uns gegeben ist, um unser Leben in Ordnung zu bringen.
Vergessen Sie nicht, dass Gott um Ihre Situation weiß. Bitten Sie ihn, dass er diese Midlife-Phase gebraucht, um Altes zu verarbeiten und Lebenstiefe zu gewinnen.
Nehmen Sie sich bewusst Zeit zum Ordnen. Sprechen Sie mit einer guten Freundin oder mit einem Seelsorger oder Therapeuten.
Wenn alte Schuld bewusst wird, bitten Sie Gott um Vergebung. Nehmen Sie

diese Vergebung dann auch an. Tragen Sie sich nicht nach, was Gott durch Jesus Christus bezahlt hat.
Wenn Erinnerungen von Missbrauch, Verletzungen, Zurückgesetztsein hochkommen, drücken Sie Ihre Empfindungen aus. Weinen Sie darüber, wenn Ihnen das gut tut.
Danach geben Sie diese Schmerzen in Gottes Hand. Durch unseren Herrn Jesus Christus sind auch diese schlimmen Erlebnisse am Kreuz durchlitten worden. Lassen Sie sich nach und nach von seinen Wunden heilen. Finden Sie Menschen, die das mit Ihnen immer wieder durchsprechen und mit Ihnen beten.

Zum Weiterdenken:

Beginnen Sie neu, um Ihren Mann zu werben.
Zeigen Sie ihm in der Sprache, die er annehmen kann
(Lieblingsessen, Komplimente, Einladung ins Bett),
dass Sie ihn noch lieben.
Versuchen Sie, Ihre Liebe neu zu beleben: Arbeiten Sie Altes auf.
Füllen Sie diesen neuen Lebensabschnitt mit neuen Gedanken!
Sagen Sie Ja zu sich und Ihrem sich verändernden Körper.
Finden Sie zu einem Lebensrhythmus, der Sie nicht ständig überfordert.

Zweimal in der Woche Sex – sind wir dafür nicht schon zu alt?

Wieso braucht mein Mann im Alter noch so viel Sex? Wir sind doch jetzt wirklich reife, erwachsene Menschen, haben auch schon Enkelkinder!
Es kommt mir richtig kindisch vor, wenn er sich gelegentlich an mir berauscht und wir durchs Bett turnen! Eigentlich sind wir doch aus diesen Dummheiten herausgewachsen.

Sexualität ist kein Spiel, aus dem man herauswächst. Sexualität ist Notwendigkeit, um sich immer neu in dieser Einheit zu verbinden und sie zu stär-

ken. Wer sich nicht mehr fühlt, auch körperlich, verliert das Gefühl füreinander. Ehe-Einheit wächst im Ein-Fleisch-Werden. In der Berührung wird auch unsere Seele ernährt.
Gewinnen Sie neues Verständnis für Gottes Wort. In 1. Mose 2,24 steht: „... Und sie werden sein ein Fleisch." Dieser Satz muss in der Ehe immer neu gelebt und erlebt werden. Genauso muss auch das Aneinanderhängen, wie es im selben Vers von 1. Mose 2,24 steht, ein lebenslanger Prozess sein, damit die gottgewollte Einheit des Eheleibs entstehen kann.
Sehen Sie es als einen Teil Ihrer Ehe an, den Sie erfüllen, wie viele andere Dinge, die vielleicht nicht nur Spaß machen.
Bitten Sie Gott, dass er Ihnen neue Freude an diesen Begegnungen schenkt. Denn dann kommt es Ihnen nicht nur wie eine Last vor. Lassen Sie sich neu dabei beschenken! Das könnte für Sie beide zum großen Gewinn werden.

Zum Weiterdenken:

Haben Sie Mut, auf Ihren Mann einzugehen und seine Zuwendung an Sie als Kompliment an Ihre Attraktivität zu sehen!
Auch wenn Sie nicht oft Lust dazu spüren, werden diese Begegnungen doch dazu dienen, dass Sie näher zusammenwachsen.

Eigenmächtige Sterilisation

Wir haben vier Kinder. Wir besprachen miteinander, wie man in Zukunft mit der Fruchtbarkeit umgehen könnte. Verschiedene Verhütungsmaßnahmen hatten zuvor versagt. Durch die letzte Geburt war ich total ausgelaugt. Ich hatte mich schon mit dem letzten Kind überfordert gefühlt. Gemeinsam dachten wir über eine Sterilisation nach. Doch für mich war es zu diesem Zeitpunkt nicht vorstellbar, solch einen Eingriff über mich ergehen zu lassen. Von meinem Mann wollte ich eine Sterilisation gar nicht erst erwarten. Eines Tages kam mein Mann nach Hause und teilte mir mit, dass er sich hatte sterilisieren lassen.

Ich war völlig fertig über diese Nachricht. So hatte ich es nicht gemeint! Ich hatte dieses Thema nur einmal besprechen wollen.
Nun bin ich ihm gram, weil er sich einfach hat sterilisieren lassen. Ich möchte mich nun von meinem Mann nicht einmal mehr berühren lassen.

Für Ihren Mann war es wohl völlig klar: Sie sind fix und fertig. Sie lieben die Kinder, aber mit weiteren Kindern sind Sie überfordert. Eine Sterilisation war für Sie nicht vorstellbar. Das akzeptierte er. Möglicherweise hatte er bislang nicht den Mut gehabt, sich selbst dieser Operation zu unterziehen. Im Gespräch mit Ihnen wusste er noch nicht, ob er diesen Schritt packen würde, deshalb erwähnte er es erst gar nicht.
Viele Männer haben Angst, dass sie damit ein Stück ihrer Männlichkeit verlieren könnten. Außerdem befürchten sie, dass es mit der Erektion vielleicht nicht mehr so gut klappen könnte. Ihr Mann hat offensichtlich aus Liebe zu Ihnen so gehandelt. Er wollte dieses Problem für Sie beide lösen und Ihnen den Weg der Sterilisation ersparen. Ebenso wollte er Sie nicht mit einem weiteren Kind belasten.
Sie haben sich ihm gegenüber nicht klar genug ausgedrückt. Weshalb sind Sie jetzt ärgerlich auf ihn? Hätten Sie doch noch ein Kind gewollt, vielleicht später? Ist es die Endgültigkeit des Kinderwunsches, die Sie erschüttert? Oder waren Sie einfach froh, dass Sie durch die Angst vor einem weiteren Kind Ihren Mann von sich fern halten konnten? Ist da vielleicht die Befürchtung, dass Ihr Mann nun immer, wenn er Lust hat, offene Türen bei Ihnen erwarten darf? Können Sie sich nicht genug abgrenzen?
Es wäre gut, Sie würden diese Fragen reflektieren, um Ihre eigenen Gefühle zu begreifen.
Ich kann mir vorstellen, dass Ihr Mann über Ihr Verhalten schockiert ist. Er wollte Ihnen Gutes und wird jetzt dafür bestraft.
Ihre Kinder brauchen Vater und Mutter. Lassen Sie nicht zu, dass durch dieses Erlebnis Ihre Ehe auseinander bricht. Ihre Haltung des Grolls wird sonst Ihre Ehe zerstören und Ihren Kindern das Zuhause rauben.
Wenn in Ihrem Herzen noch Platz für weitere Kinder ist, dürfen Sie Gott darum bitten, dass er Ihnen zur rechten Zeit diese Kinder noch geben wird: Entweder werden Sie noch einmal schwanger, was ganz selten trotz Sterilisation geschieht – oder Gott legt Ihnen ein fremdes Kind „vor die Tür" in Form eines Pflegekindes, das dringend Eltern sucht.

Erklären Sie Ihrem Mann, dass die Sterilisation kein Freibrief für ihn sein kann, sooft er Lust hat, mit Ihnen zu schlafen.
Wenden Sie sich aber auch nicht nur Ihren Kindern zu. Kinder werden einmal wieder von Ihnen weggehen. Achten Sie darauf, dass Ihr Ehepartner dann bleiben wird, weil Sie gelernt haben, zueinander zu stehen in Freud und Leid. Sooft Bitterkeit über Sie kommt, sprechen Sie sich selbst zu: „Ich kann noch nicht richtig, aber ich will vergeben, weil Gott auch mir vergeben hat!"

Zum Weiterdenken:

Suchen und pflegen Sie neu Ihre Ehe, damit Einheit wachsen kann.
Sagen Sie Ihrem Mann, wie oft Sie Nähe wollen.
Schliessen Sie ihn nicht einfach aus Ihrem Leben aus.

Meinem Mann sind meine Brüste zu klein

Eigentlich lieben wir uns. Wir sind auch gerne im Bett zusammen. Ich genieße es, meinen Mann zu fühlen, mit ihm zu kuscheln. Aber fast immer höre ich heraus, dass ja sonst alles an mir stimme, doch meine Brüste seien einfach zu klein. Wenn ich nur etwas größere Brüste hätte, wäre alles perfekt an mir. Sogar bei Streit begründet er die Ursache damit, dass alles anders wäre, hätte ich nur größere Brüste.
Ich kann mich eigentlich selbst ganz gut leiden. Auch meine Brüste sind für mich o.k. Gott hat uns vier wundervolle Kinder geschenkt. Für meinen Mann und mich sind sie eine herrliche Bereicherung. Ich habe diese Kinder auch alle gestillt.
Ich habe meinem Mann schon oft gesagt, wie sehr mich seine Aussagen verletzen und dass ich mich dann nicht von ihm angenommen fühle. Er meint, ich würde ihn auch nicht annehmen, sonst würde ich mich operieren lassen. Mehr Brust würde auch mehr Geborgenheit für ihn heißen. Ich sei egoistisch, dass ich so bleiben wollte, wie ich bin. Muss ich meinem Mann nachgeben, um des Friedens willen?

Wir haben uns unseren Körper nicht selbst gegeben. Gott hat auf eine wunderbare Weise jeden Menschen ganz individuell geschaffen, auch Sie. Ich bin froh, dass Sie das erkennen und angenommen haben.
Manchmal hängt solch eine Reaktion, wie Ihr Mann sie zeigt, mit ganz anderen Faktoren zusammen. Da ist Unzufriedenheit in seinem Leben, die er versucht zu füllen. Möglicherweise findet er an Ihnen sonst nichts, wo er diese Unzufriedenheit mit sich selbst und seinem Leben festmachen könnte. Er verlagert es auf Ihren Körper. Damit werden Sie in seinen Augen unvollkommen. Irgendwie verschafft ihm das Befriedigung.
Vielleicht sind Sie auch eine Frau, die ihm vieles voraushat. Er fühlt sich Ihnen nicht gewachsen, kommt sich neben Ihnen klein vor. So versucht er ein scheinbares Manko zu finden, um beweisen zu können, dass bei Ihnen auch etwas nicht stimmt. Das alles geschieht sicher unbewusst.
Gehen Sie mit Ihrem Mann in eine Eheberatung und versuchen Sie herauszufinden, wo die Ursachen liegen. Wenn Ihr Mann dazu nicht bereit ist, nehmen Sie selbst einige Therapiestunden, um Ihren Selbstwert zu stärken. Sie sind von Gott wunderbar geschaffen, und Gott hat auch bei der Größe Ihrer Brüste keinen Fehler gemacht.

Zum Weiterdenken:

Mit einer Brustvergrösserung würde das Dilemma erst beginnen:
Sie würden sich selbst nicht mehr gefallen und nicht mehr annehmen können. Ihr Mann und die Kinder bekämen eine ständig nörgelnde Frau und Mutter.
Und Ihr Mann müsste ein neues Manko finden,
an dem er seine Unzufriedenheit festmachen würde!

IX.

Seitensprünge

Mein Mann hat eine Geliebte

Wir sind seit 11 Jahren verheiratet und haben zwei Kinder. Unsere Hochzeit war eine Liebesheirat. Natürlich gab es in den 11 Jahren auch Auseinandersetzungen, aber hauptsächlich wegen der Kinder. Mein Mann meint, ich sei zu weich in der Erziehung. Aber sonst verstanden wir uns immer gut. Heute fand ich im Jackett meines Mannes eine Notiz: „Ruf mich heute Abend an, wenn deine Frau weg ist. Küsschen, Annika." Gestern hatte er diese Jacke im Büro an. Als ich abends zum Chor ging, war er gerade heimgekommen. Diese Annika muss also davon informiert gewesen sein.
Ich weiß nicht einmal, ob mein Mann die Notiz gelesen hat und sie dann auch anrief. Aber offensichtlich hat er ein Verhältnis mit ihr. Ich bin ganz durcheinander. Was soll ich tun?

Als Erstes: Werben Sie neu um Ihren Mann! Sie sind seine Frau. Zeigen Sie ihm Ihre Liebe auf die Weise, wie er es am besten annehmen kann. Verwöhnen Sie ihn mit seinem Lieblingsessen, laden Sie ihn nach Dienstschluss ins Café ein. Sprechen Sie mit ihm, so unbefangen es Ihnen möglich ist. Schenken Sie ihm Nähe. Sagen Sie ihm, wie sehr Sie ihn schätzen.
Beobachten Sie weiter, wie sich diese ganze Sache mit Annika entwickelt. Es hilft nicht, jetzt nur eifersüchtig zu sein. Ihr Mann wird die ganze Sache herunterspielen, wenn sie auf den Tisch kommt. Vielleicht ist es wirklich nur erst der Beginn einer Affäre. Deshalb kämpfen Sie mit allen Mitteln, um Ihren Mann neu zu gewinnen.
Wenn sich herausstellt, dass Ihr Mann aber schon länger ein Doppelleben führt, dass seine Stammtischabende gar nicht stattfanden, sondern er sich mit Annika traf, dann handeln Sie bald. Ein Mann gewöhnt sich schnell an solch ein Leben, das ihm Abwechslung bringt und bei dem zwei Frauen ihn

verwöhnen. Die Geliebte hat dann den Vorteil, dass sie immer freundlich und gelassen sein kann, während die Ehefrau die Arbeit macht.
Lassen Sie Ihren Mann wissen, dass Sie nicht bereit sind, ihn zu teilen. Dann soll er ausziehen, und wenn er dazu ins Hotel muss! Geben Sie ihm eine Frist. Verlieren Sie die Angst, ihn zu verlieren. Das macht Sie von ihm abhängig, und Ihr Mann wird dieses falsche Verhältnis zu der anderen Frau fortsetzen. Er muss wissen, dass er Sie und die Kinder verlieren wird.
Die meisten Männer brauchen Druck, um die richtige Entscheidung zu treffen. Sie geben oft dem größeren Druck nach, der von der Geliebten kommt, die damit droht, ein Kind von ihm zu bekommen oder es öffentlich zu machen, dass die beiden etwas miteinander haben.
Ich wünsche Ihnen viel Weisheit von Gott zum richtigen Handeln.

Zum Weiterdenken:

Die Ehefrau darf nicht einfach nur nachgebend und voller Verständnis sein. Sie muss klar definieren, was ihren Mann erwartet, wenn er sein Verhältnis zur Freundin nicht aufgibt.

Wie kann ich nach dem Seitensprung meines Mannes noch Vertrauen haben?

Mein Mann hatte über lange Zeit eine Geliebte. Es war furchtbar, und ich habe viel gelitten. Oft hat mein Mann mich auch belogen.
Inzwischen ist das Verhältnis zu der anderen Frau in die Brüche gegangen. Mein Mann will wieder ganz mit mir leben. Er hat mich um Verzeihung gebeten und gesagt, dass ich die einzige Frau für ihn bin. Ich habe ihm vergeben. Doch wie gehe ich jetzt mit meinen Gefühlen um? Wenn wir miteinander im Bett liegen, stelle ich mir vor, wie er es wohl mit der anderen erlebte. War sie attraktiver als ich? Manchmal frage ich ihn, dann wird er ärgerlich.
Ich habe auch Angst, dass er an diese andere Frau denkt und nicht an mich. Das schmerzt mich tief.
Am schlimmsten aber ist, dass ich meinen Mann ständig kontrolliere. Kommt er zu spät nach Hause und sagt, es sei Stau gewesen, spiele ich mit dem Ge-

danken, bei anderen nachzufragen, die dieselbe Strecke fuhren, ob es wirklich so gewesen ist. Spricht er von einer Geschäftsreise, versuche ich herauszufinden, ob es stimmt. Ich überprüfe sein Handy, schaue die Rechnungen durch, beäuge die Post, die er bekommt, frage ihn aus. Ich bin so verunsichert. Dabei treibe ich meinen Mann eher fort, als dass er gerne nach Hause kommt. Ich spüre, dass es falsch ist, aber die Angst überwältigt mich oft.

Ihr Mann ist wieder zu Ihnen zurückgekehrt. Sie können ihn trotzdem nicht festhalten. Die Entscheidung zur Treue muss er selbst immer wieder treffen. Durch Ihr ständiges Nachbohren hindern Sie ihn daran, frei zu werden. Er wird durch Sie immer neu an die Geliebte erinnert – bis ins Schlafzimmer.

1. Hören Sie auf zu kontrollieren! Zwingen Sie sich selbst dazu, nicht alles zu überprüfen. Das wird Ihren Mann nicht dazu bringen, Sie mehr zu lieben.
2. Schenken Sie Ihrem Mann so lange Vertrauen, bis Sie zufällig auf einen handfesten Grund stoßen, der es rechtfertigt, ihm zu misstrauen.
3. Suchen Sie eine gute Freundin, mit der Sie Ihre Ängste und Befürchtungen durchsprechen. Wenn Sie Christin sind, finden Sie jemanden, mit dem Sie auch beten können.
4. Zeigen Sie Ihrem Mann mit allen Mitteln, dass Sie ihn lieben. Pflegen Sie Gemeinsamkeiten, machen Sie einen Wochenendurlaub ohne Kinder.
5. Geben Sie der anderen Frau keinen Platz in Ihren Gesprächen. Sie ist eine Fremde und gehört nicht zu Ihrer Familie.
6. Bitten Sie Gott um Weisheit für Ihr Reden und Handeln. Beten Sie für Ihren Mann, dass Gott ihn bewahrt.

Zum Weiterdenken:

Verbieten Sie sich, die Geliebte auch nur zu erwähnen. Dies ist Ihre Ehe. Klammern Sie die Geliebte völlig aus, auch in Ihren Gesprächen. Lassen Sie die Fremde buchstäblich draußen vor der Tür.

Ich bin selbst fremdgegangen – was nun?

Nie hatte ich zuvor in meiner 20-jährigen Ehe über einen anderen Mann nachgedacht. Und auch mein Mann ist treu wie Gold. Trotzdem dachte ich: Wenn überhaupt einmal einer in Versuchung geraten würde, dann eher mein Mann.

Doch dann wurde ich schwer krank. Im Anschluss daran bekam ich eine Kur. Durch die Krankheit bedingt, hatten wir als Paar wohl viel Austausch an Gespräch, aber wenig Berührung. Mein Mann war sehr einfühlsam und wollte mich nicht überfordern. Leider haben wir im Lauf der Jahre verlernt, uns Liebenswürdigkeiten zu sagen. Durch die Krankheit hatte ich zusätzlich Minderwertigkeitsgefühle.

In der Kur traf ich einen Mann, der mich bewunderte, sobald er mir begegnete. Er machte Komplimente, öffnete die Tür vor mir, gab mir das Gefühl, dass ich schön und intelligent sei. Das alles tat mir so gut, hatte die Krankheit doch einen Teil meines Selbstwertes zerstört.

Niemals hatte ich vor, mit diesem Mann ins Bett zu gehen. Doch irgendwann geschah es. Ich war wirklich verliebt in diesen Mann und meinte noch dazu, es sei Liebe.

Jetzt zurück aus der Kur, verachte ich mich selbst. Meine Gefühle für diesen anderen Mann sind vollkommen gestorben. Ich bin eher sauer auf ihn, dass er es geschafft hat, mich zu verführen. Aber ich bin ebenso total über mich erschüttert, dass ich dazu fähig war. Ich glaube, ich kann mir nie mehr vergeben. Ich habe es meinem Mann unter Tränen bekannt. Er ist sehr verzweifelt, und ich verstehe ihn gut.

Auch vor Gott habe ich meine Schuld bekannt. Aber ich weiß nicht, ob er mir vergibt.

Finden Sie einen seelsorgerlichen Menschen, dem Sie vertrauen. Öffnen Sie sich und bekennen Sie Ihre Schuld. Lassen Sie sich die Vergebung Gottes zusprechen. Schreiben Sie sich das Datum auf. Wenn Ihr Mann mit der Verletzung nicht fertig wird, machen Sie ihm ebenso Mut, einen Menschen zu suchen, dem er sich anvertraut.

Ebenso hilft es, wenn Sie Eheberatung in Anspruch nehmen. So können Sie gemeinsam herausfinden, wie es überhaupt dazu kam. Miteinander wird erarbeitet, wie die Ehebeziehung vertieft werden kann.

Beleben Sie Ihre Ehe! Beschenken Sie einander mit kleinen Überraschungen. Zeigen Sie Ihrem Mann, dass er für Sie der Beste ist. Pflegen Sie Ihr Miteinander. Ihr Mann hat sich, durch die Krankheit bedingt, in vielen Bereichen zurückgenommen. Das hat aber zu einem Mangel für Sie beide geführt. Machen Sie ihm Mut, Sie wieder zu berühren. Verlieren Sie Ihre Scheu. Nehmen Sie sich neu an mit Ihrem veränderten Körper. Wenn Ihren Mann die Narben nicht stören, brauchen Sie sich auch nicht dafür unvollkommen zu fühlen.

Lassen Sie wieder Gefühle zu. Gehen Sie auf Ihren Mann zu. Lernen Sie, sich zu küssen, wie Sie es zu Beginn Ihrer Freundschaft konnten. Gehen Sie miteinander aus. Laden Sie Ihren Mann zum Abendessen ein.

Ich wünsche Ihnen beiden, dass durch diese schlimme Verletzung nun etwas ganz Neues für Ihre eigene Ehe wächst: ein neues Umeinanderwerben, Vertiefung Ihrer Gemeinsamkeit und die Entdeckung, welches Geschenk es ist, zueinander zu gehören.

Zum Weiterdenken:

Erinnern Sie sich selbst immer wieder daran,
dass Gott Ihnen vollkommen vergeben hat.
Jesus Christus hat am Kreuz geblutet für diese Schuld.
Sie ist getilgt, für immer.

Seine Frau darf nichts von unserem Verhältnis wissen

Seit ich verwitwet bin, fühle ich mich oft von anderen ausgeschlossen. In der Gemeinde ist es nicht wie zuvor, als ich noch verheiratet war. Ehepaare, mit denen wir befreundet waren, laden mich jetzt nicht mehr ein. Auch meine Tochter hat sich verändert, oder ich mich? Aber nun habe ich einen lieben Mann kennen gelernt. Zuerst redeten wir immer nur miteinander, später trafen wir uns, und es kam auch zu sexuellen Handlungen. Er tat mir so Leid, weil seine Frau nicht mehr mit ihm schläft. Eigentlich wollte ich ihn nur trösten. Doch jetzt komme ich fast nicht mehr von ihm los. Ich spüre, dass es nicht richtig ist, wenn wir uns treffen. Aber ich will ihn auch nicht enttäu-

schen. Dazu mag ich ihn zu sehr. Er sagt, er habe erst jetzt, seit er mich kennt, wieder zu leben begonnen. Wir haben auch darüber gesprochen, ob er sich nicht scheiden lassen soll. Aber er will seinen erwachsenen Kindern diesen Schock nicht antun. Auch seine Frau darf nichts von unserem Verhältnis wissen. Wenn wir uns im Dorf begegnen, gehen wir höflich distanziert miteinander um. Ich fühle mich wie verraten.

Sie sind verwitwet. Der Mensch an Ihrer Seite fehlt Ihnen täglich und oft stündlich. Da ist eine Sprachlosigkeit entstanden. Auch andere Menschen werden Ihnen fremd. Oft fühlen Sie eine grenzenlose Einsamkeit. In diese Situation kam ein Mann, der liebevoll mit Ihnen umging, Sie anhörte, Sie ernst nahm, Ihnen kleine Komplimente machte. Ihre Seele hat so lange danach gehungert. Doch durch den langen Mangel hatten Sie keine Kraft, der Versuchung zu widerstehen. Außerdem gab der Mann an, dass er auch Mangel litt, Mangel an sexueller Nähe. Eigentlich benutzt Sie dieser Mann nur, auch wenn er freundlich zu Ihnen ist. Wenn Sie heute Ihr Verhältnis beenden, wird er bald wieder eine Geliebte finden, die bereit sein wird, ihm Sexualität zu geben. Sie sind ersetzbar! Verstehen Sie diesen Satz in aller Härte, um Kraft zur Trennung zu bekommen! Sie betrügen die Ehefrau und sich selbst. Dieser Mann gaukelt Ihnen vor, Sie zu lieben, aber das ist eine Lüge. Er schmeichelt Ihnen, um zu seinem Ziel zu kommen.
Schneiden Sie alle Bande zu diesem Mann durch! Bitten Sie Gott um Kraft, diesen Mann völlig aus Ihren Gedanken verschwinden zu lassen. Bitten Sie Gott auch um Vergebung, dass Sie sich zu diesem falschen Weg verführen ließen. Tun Sie ernstlich Buße darüber!
Geben Sie sich neu in Gottes Hand, damit er Sie segnen kann. Sie haben ein tiefes Bedürfnis nach Beziehung. Bitten Sie Gott um einen neuen Partner, der nicht gebunden ist.
Füllen Sie Ihr Leben neu mit Aufgaben. Lassen Sie sich von Gott zeigen, wie Sie anderen Menschen Freude bereiten können, etwa Kranken oder alten Frauen, die Sie besuchen, ihnen vorlesen oder sie auch zu Kaffee und Kuchen einladen. Schauen Sie sich um nach Witwen, denen es ähnlich geht wie Ihnen.
Vertrauen Sie darauf, dass Gott Leben und volle Genüge für Sie hat.

Zum Weiterdenken:

Sie wurden zur Retterin für ihn und er für Sie.
Nun fühlen Sie sich an ihn gebunden und leben in einer unglücklichen Dreierschaft. Ein Mann, eine Ehefrau und Sie, die Geliebte.
Sie sind viel zu wertvoll, als sich weiter gebrauchen zu lassen!

X.

Die unverheiratete Frau und ihre Gefühle

Wohin mit meinen Gefühlen als Single?

Ich bin nicht verheiratet. Seit vielen Jahren bemühe ich mich um den richtigen Partner. Aber entweder waren die, die für mich zur Wahl standen, schon verheiratet oder es sprang kein Funke über.
Ich leide darunter, denn ich würde gerne einen Mann haben und auch Sexualität mit ihm leben.
An manchen Tagen vermisse ich diese Gemeinschaft besonders schmerzlich. Wenn ich z.B. an einer Hochzeit teilnehme oder wenn in unserem Bekanntenkreis ein Kind geboren wird. Aber ich habe auch bemerkt, dass es in bestimmten Zeiten des Zyklus Tage gibt, an denen ich einfach ganz stark versucht bin, Selbstbefriedigung zu machen. Danach fühle ich mich dann oft noch einsamer und auch schuldig.

Frauen werden durch das Nichtverheiratetsein nicht zu einem Neutrum. Auch unverheiratete Frauen haben sexuelle Gefühle.
Gott hat den Menschen auf ein Du hin angelegt. In manchen Lebensphasen verdrängen Singles diese Sehnsucht, weil sie mit dem Leben, dem Beruf und Planungen ganz ausgefüllt sind. Doch in Zeiten von Misserfolgen, Schwierigkeiten, Krankheiten und auch bei bestimmten Ereignissen wie Hochzeit und Geburt eines Kindes im näheren Umfeld, steigt das Alleinsein wie eine dunkle Macht hoch, wird die Einsamkeit noch mehr bewusst.
Aber nicht nur die Sehnsucht nach dem Du ist da. Der ganze Mensch schreit nach Berührung, merkt schmerzlich das Fehlen des anderen. Das Frausein wird regelrecht gespürt. Und weil kein anderer da ist, berührt man sich selbst, schafft sich eine gewisse Befriedigung dieses inneren Spannungszustandes, macht Selbstbefriedigung. Damit ist zunächst der Zustand der Anspannung behoben. Doch danach ist man immer noch allein. Deshalb ist Selbstbefrie-

digung eigentlich auch das falsche Wort. Denn der innere Friede wird damit nicht hergestellt. Oft bleibt ein fades Gefühl zurück. Bei manchen Menschen entstehen zusätzlich Schuldgefühle: „So etwas darf ein Christ nicht tun."

Die Bibel spricht nicht über Selbstbefriedigung. Es gibt zwar die oft zitierte Bibelstelle mit Onan (1. Mose 38,9), wovon auch das Wort Onanie abgeleitet wird. Doch an dieser Stelle bestrafte Gott Onan nicht wegen einer Masturbation, sondern wegen seiner Lüge. Nach außen hin kam Onan seiner damaligen Pflicht nach, seiner Schwägerin Tamar ein Kind zu zeugen, damit diese im Alter versorgt sein würde. Als er dann mit Tamar allein im Zelt war, genoss er zwar den Geschlechtsakt mit ihr, unterbrach diesen aber (so genannter Koitus interruptus) und ließ seinen Samen auf die Erde fallen.

Was Sie als Frau bei Selbstbefriedigung fühlen, ist sicher richtig: Eigentlich gehört dieses Erlebnis nicht mir allein. Es ist für den geliebten Menschen gedacht, mit dem ich das erleben soll. Von Gott bin ich nicht als Alleinstehender geschaffen, sondern als Gegenüber für einen Menschen, der zu mir gehört.

Wenn Sie als Frau ständig ihre Sehnsucht nach Sexualität spüren und unterdrücken, können Sie auch andere damit versuchen, ohne dass Sie das wollten. Eine Frau, die unter sexueller Spannung steht, hat eine ganz bestimmte Ausstrahlung, die gerade von „unversorgten" Männern und Ehemännern wahrgenommen wird. Sie bringt dadurch sich und andere durch ihre starke Sehnsucht nach Nähe in Gefahr.

Meiden Sie Situationen, in denen Sie mit Männern allein sind. Bitten Sie Gott um seinen Schutz.

Danken Sie Gott dafür, dass Sie eine Frau sind, die alle diese Gefühle empfinden kann, auch wenn Sie manchmal darunter leiden. Es zeigt Ihnen, dass er Sie mit allen Empfindungen geschaffen hat.

Bitten Sie Gott darum, dass er Ihnen einen passenden Ehepartner schenken wird, mit dem Sie zusammen Sexualität leben dürfen. Beten Sie dafür, dass er diesen Mann segnet und bewahrt.

Wenn die sexuelle Spannung in Ihnen zu groß ist, ist es ratsamer zu masturbieren, als sich ständig mit diesen Gefühlen zu beschäftigen. Konzentrieren Sie sich dabei nicht auf einen bestimmten Mann. Machen Sie es auch nicht zu einem Ritual. Nehmen Sie es als Spannungsabbau, mehr nicht.

Geben Sie aber auch nicht jedem sexuellen Gedanken nach. Versuchen Sie zunächst sich abzulenken: mit einem Spaziergang, mit Klavierspiel, schreiben

Sie jemandem einen Brief, spülen Sie das Geschirr. Die sexuellen Gefühle dürfen nicht Ihr Leben bestimmen.
Gehen Sie locker damit um. Es muss zu einer Nebensache werden, die dazugehört, aber Sie nicht belästigt und belastet.

Zum Weiterdenken:

Versuchen Sie, sich nicht bei jeder Gelegenheit mit Masturbation zu trösten, wenn etwas schief gelaufen ist.
Lernen Sie Frustration auf andere Weise zu bewältigen, als diesen Weg zu wählen.

Sehnsucht nach Sexualität als Witwe

Ich bin gerade 58 Jahre alt geworden. Mehr als dreißig davon war ich verheiratet. Mein Mann und ich haben drei Kinder, die schon lange verheiratet sind. Doch dann starb mein Mann nach wenigen Monaten an Krebs.
Zunächst war da einfach die große Hoffnung, er würde die schwere Krankheit überstehen. Schließlich fand ich mich damit ab, dass er sterben würde. Nach seinem Tod war ich wie betäubt. Ich konnte es einfach nicht fassen, dass er nicht mehr da ist.
Doch jetzt, ein Jahr danach, fühle ich mich einfach allein gelassen. Unsere Kinder sind zwar gut zu mir. Aber sie können mir meinen Mann nicht ersetzen. Auch in der Gemeinde werde ich irgendwie aufgefangen. Aber für sie ist das alles schon wieder lange her.
Das Schlimmste für mich ist, dass ich immer wieder Sehnsucht nach Nähe und Sexualität habe. Ich komme mir dabei ganz komisch vor. Denn als mein Mann noch lebte, war ich gar nicht immer so begeistert davon, wenn er mit mir schlafen wollte. Doch jetzt vermisse ich es. Ich wage gar nicht, das vor jemandem auszusprechen. Ist das normal, wie ich fühle?

Wer verheiratet ist, erlebt Nähe nicht nur in Worten oder Taten, sondern auch mit intensiver Berührung. Nicht immer will ein Ehepartner so viel Nähe wie der andere. Aber es wird hin und wieder zu Begegnungen kommen.

Wenn keine schlimmen Vorerfahrungen vor der Ehe geschehen sind, wird diese Nähe als positiv erlebt, auch wenn zunächst nicht so viel Lust da gewesen war. Es ist wie ein gegenseitiges Auffüllen von Nähe, wo man sich, auch ohne Worte, einander mitteilt. Indem man sich fühlt, entwickelt man auch Gefühl füreinander. Es gehörte auch zu Ihrem Leben.
Seit dem Tod Ihres Mannes ist dieser Bereich von Nähe aus Ihrem Leben gestrichen. Zwar begegnen Sie Ihren Kindern, hören ermutigende Worte in Ihrer Gemeinde, aber die intensive Nähe zu Ihrem Mann ist weggefallen.
Sie vermissen Ihren Mann wahrscheinlich in vielen Lebensbereichen. Immer wieder erinnern Sie Dinge an ihn, und in der Gegenwart erscheint manches Vergangene auch in einem anderen Licht. Eine neue Nähe entsteht zu Ihrem verstorbenen Mann. Dieses Vermissen zeigt sich dann auch in einer Sehnsucht nach körperlicher Nähe.
Wenn Sie gelegentlich von sexuellen Gefühlen heimgesucht werden, danken Sie Gott für alle guten Begegnungen, die Sie mit Ihrem Mann haben durften. Fühlen Sie sich nicht schuldig, wenn Sie gelegentlich masturbieren, weil sie ihn so sehr vermissen.
Doch flüchten Sie nicht vorsätzlich in diese Art Entspannung, weil Sie sonst immer neu enttäuscht und frustriert aus diesem Traum, Ihr Mann würde noch leben, aufwachen.
Bitten Sie Gott darum, dass er Ihnen neue Aufgaben zeigt, Bereiche, in denen Sie Erfüllung finden können. Sie werden die Lücke, die durch den Tod Ihres Mannes entstanden ist, nie wieder ganz schließen können. Es wird ein Teil Ihrer Geschichte sein. Aber Sie dürfen Gott um seinen Beistand bitten, damit Sie in Ihrer Trauer nicht versinken.
Überdenken Sie, ob Sie sich nicht doch noch einmal binden wollen. Manche Frauen können diesen Gedanken gar nicht ertragen. Doch Sie sind noch nicht alt. Es können noch viele Jahre sein, die Ihnen geschenkt werden.

Zum Weiterdenken:

Wenn Sie das Alleinsein so schwer ertragen, wäre es gut,
Sie würden sich dafür öffnen, noch einmal zu heiraten.
Vielleicht ist da ein Mann, der sich genauso wie Sie wünscht,
nicht mehr einsam durchs Leben zu gehen?

Darf frau Träume haben?

Mein Fantasieleben ist sehr ausgeprägt, und ich beschäftige mich oft damit. Ich bin schon seit 10 Jahren eine allein stehende Mutter und gehe auch in eine Gemeinde. Ich liebe Gott, aber manchmal habe ich schon mit Einsamkeit zu kämpfen. Ich habe keinen Partner und darum einfach ein Fantasieleben entwickelt. In meinen Gedanken stelle ich mir dann vor, dass ich mit ihm tanze oder ich heirate ihn. Ist das schlimm?

Fantasie ist so etwas, wie im wachen Zustand zu träumen.
Im Traum erleben wir ein Geschehen, das so wirklichkeitsnah sein kann, dass wir lachend oder schweißgebadet davon aufwachen. Wir verarbeiten auf eine interessante und geheimnisvolle Weise Wünsche, Enttäuschungen und Vorstellungen. Gott hat uns Träume gegeben, die oft wie ein Spiegel sind.
Gott hat uns aber auch Fantasie gegeben. Sie ermöglicht uns etwas auszudenken, was Gestalt gewinnen soll, etwas zu planen, das noch nicht existiert. Fantasie zu haben, kann sich kreativ auf viele Bereiche des Lebens auswirken.
Fantasien können manchmal über Durststrecken des Lebens hinweghelfen.
Der verdurstende Mensch in der Wüste sieht die Oase und wird ermutigt, sie erreichen zu wollen, obwohl er kaum mehr Kraft hat.
Wer allerdings nur von Fata Morgana zu Fata Morgana hetzt, wird orientierungslos, erliegt der Hitze und dem Durst, ohne je das Ziel zu erreichen.
Fantasien können dazu verleiten, am wirklichen Leben vorbeizugehen und sich in eine Welt zurückzuziehen, die beim „Erwachen" jedes Mal nur schrecklich ist.
Jedes „Erwachen" muss mit einer neuen Fantasie erstickt werden.
Auf diese Weise leben Sie in einer Scheinwelt und betrügen sich selbst. Der Traumpartner Ihrer Fantasie ist so vollkommen, dass kaum ein normaler Mann ihm das Wasser reichen kann. Ihre Problematik bleibt ungelöst. Ihre Sehnsucht weitet sich weiter aus. Auch Ihr Kind wird mit hineingezogen werden, da es Ihre Gefühle wahrnimmt. Möglicherweise meint es sogar einen Vater zu haben, der nur leider immer unterwegs ist.
Offensichtlich ist in Ihnen eine starke Sehnsucht nach einem Du, einem Gegenüber. Gott sagt, dass es nicht gut ist, dass der Mensch allein sei. Er hat den Menschen so angelegt, dass er sich auf die Suche macht.

Wer Sexualität einmal auf gute Weise gelebt hat, wird besonders stark die Nähe vermissen. Wer sich gerne mitteilt, wird sich manchmal schmerzlich nach tiefem Austausch sehnen. Ein imaginärer Partner erfüllt zwar in der Fantasie alle Wünsche, aber er ist keine Herausforderung zur eigenen Reife. Das Gespräch mit ihm wird immer ein Selbstgespräch bleiben.

Sind es Ängste, die Sie an einer weiteren Beziehung hindern?

Vielleicht sind schlimme Verletzungen in Ihrem Leben geschehen. Lassen Sie sich dadurch trotzdem nicht hindern, sich der Zukunft und damit auch einer Ehe zu stellen.

Ihr Kind braucht eine Mutter, aber auch eine Vaterfigur, an der es sich ausrichten kann.

Vielleicht fühlen Sie sich mit dem Kind schon überfordert. Sie haben Angst vor einer weiteren Schwangerschaft, wollen aber einem zweiten Mann nicht das erste Kind zumuten, ohne ein eigenes haben zu dürfen?

Ist in Ihrer Kindheit irgendeine Form von Missbrauch geschehen, und Sie haben Angst davor, dass Ihr Kind so etwas auch in der eigenen Familie erleben könnte?

Kommen Sie über Ihren eigenen Missbrauch nicht hinweg und fürchten Sie sich vor Intimität?

Sie versuchen den fehlenden Partner durch Träume zu ersetzen.

Je länger Sie in dieser Fantasie bleiben, umso unwirklicher wird es sein, sich an einen wirklichen Mann binden zu können. Der Traummann hat keine Fehler. Er versteht alles. Er erahnt Ihre Wünsche und geht auf Sie ein. Er hat Größe, Aussehen, Gewicht, Charaktereigenschaften, Einfühlungsvermögen – jeweils an Ihre Wünsche angepasst. Er ist vollkommen.

Wenn Sie sich der Wirklichkeit stellen, merken Sie, dass es das nicht gibt. Auch Sie haben Fehler, nicht nur ein richtiger Mann. Es wird immer um gegenseitige Vergebung gehen, um immer neue Annahme des Andersseins, um ein immer neues Zusammenfinden. Es wird anstrengend sein, sich auf die Suche zu machen. Es wird Arbeit bedeuten, neu auszuhalten, dass der Traummann nicht existiert und dafür das Alleinsein neu gelebt werden muss oder ein fehlerhafter Mann in Ihr Leben tritt.

Aber es wird auch tief befriedigend sein, wenn Sie entdecken, was aus der Wurzel wird, die Sie versuchen in der Erde aufzubewahren. Es wird aufregend und beglückend für Sie sein, was aus dieser Wurzel wird, wenn sie aus dem Schlaf und aus dem Traumland ans Licht durchbricht und irgendwann Rosen treibt, die blühen und duften. Natürlich werden diese auch wieder verblühen. Aber ihren Duft eingesogen zu haben, ihre Schönheit gesehen zu haben, wird alle Träume übertreffen.

C. S. Lewis, der große christliche Schriftsteller und Philosoph, litt entsetzlich unter dem Tod seiner Frau, zu der er erst in ihrer schweren Krankheit seine große Liebe entdeckt hatte. Von einem Freund gefragt, ob er lieber nicht mehr diese große Liebe erlebt hätte, um nun nicht so furchtbar leiden zu müssen, antwortete er sinngemäß: Lieber nochmals so schmerzvoll leiden, als nie geliebt zu haben.

Diesem Schmerz müssen Sie sich stellen, um die Kraft zu bekommen, aus Ihrer Fantasie aufwachen zu wollen. Lassen Sie sich nicht mehr davon bestimmen, das, was Sie nicht haben, zu erträumen, sondern beginnen Sie für das Vorhandene zu danken. Sie betrügen sich sonst selbst um ein erfülltes Leben.

Suchen Sie sich einen Seelsorger Ihres Vertrauens! Versuchen Sie herauszufinden und gründlich aufzuarbeiten, warum die Flucht in die Fantasie geschieht.

Flucht ist wie ein Fluch, der uns schattenhaft hinterher eilt. Er treibt uns in die Verzweiflung, weil wir Angst haben, uns umzudrehen, um dem Schatten ins Gesicht zu schauen.

Flüchten Sie sich in die Arme Gottes und weinen Sie dort Ihren Kummer hinaus.

Lassen Sie sich von ihm trösten! Auf dieser Flucht in Gottes Arme muss der Fluch des Schattens weichen, denn bei Gott ist Licht.

Wenn Altes aufgearbeitet worden ist, kann man dann ruhig die Ausschau beginnen nach dem wirklichen Mann. Es gibt christliche Beratungsstellen, die auf eine gute Weise mit auf die Suche gehen. Ich kenne persönlich mindestens zwei wunderbare Ehen, die daraus resultieren.

In jedem Fall gilt: nicht allein bleiben! Gute, aufbauende Gemeinschaft suchen, nicht nur sonntags. Besuchen Sie Freizeiten, bei denen Kontakte geknüpft werden können. Versuchen Sie, Menschen Freude zu bereiten. Entdecken Sie, wie reich man selbst wird durch das Schenken von Zeit, von einer Blume oder durch einen Gruß an einen lieben Menschen.

Segensspruch:

Möge Gott dir die Kraft geben, ihm neu zu vertrauen,
dass er es gut mit dir meint.
Mögest du wegen schwerer Wege deines Lebens
dich nicht zurückziehen
in eine Fantasiewelt, die dich vereinsamt.
Mögest du neu entdecken,
dass Gott Zukunft und Hoffnung für dich
und für dein Kind hat.
Möge deine Gabe der Fantasie
zu kreativen Gedanken werden,
mit denen du viele Menschen beschenkst.
Mögest du am Schluss deines Lebens sagen können:
Gott hat es gut mit mir gemeint.

Zum Weiterdenken:

Wenn Sie weiter nur in Fantasien leben, werden Sie immer mehr vereinsamen.
Sie sind eine kreative Frau (wer Fantasien hat, ist kreativ)!
Fangen Sie an, Ihre Kreativität auf andere Weise einzusetzen,
als sich in Träumereien ein Leben vorzustellen, das nicht Ihr Leben ist.

XI.

Umgang mit der (Schwieger-)Mutter oder den (Schwieger-)Eltern

Plötzlich stand meine Mutter vor der Tür

Wir hatten ein Wochenende vor uns, ganz für uns allein. Die Kinder waren zum ersten Mal alle außer Haus. Wir freuten uns beide auf diese stressfreie Zeit. Ich hoffte auf ein paar gute Gespräche und mein Mann auf Zärtlichkeit.
Es war Nachmittag, wir fühlten uns entspannt und sahen uns bei der Arbeit beglückt an, es war ein Stückchen Paradies. Da stand am späten Nachmittag meine Mutter vor der Tür. „Überraschung!", begrüßte sie uns. Aber wir waren nur erschrocken. Mutter war gekommen, um für uns und die Kinder zu kochen.
Da sie mit dem Zug angereist war, konnten wir sie nicht ohne weiteres zurückschicken.
Mein Mann zog sich zurück und war stinksauer. Mutter fragte mich immer wieder, was denn los sei, aber ich wollte ihr nicht die Wahrheit sagen.
Als Mutter am nächsten Tag wieder weg war, hatten wir eine echte Krise. Mein Mann fühlte sich betrogen – und ich war sauer darüber, dass er mich mit Schweigen bestrafte, so, als wäre ich schuld gewesen am Ganzen.
Warum kann ein Mann nur so gemein sein!

Ihr Mann hatte sich darauf eingestellt, das Wochenende mit Ihnen allein zu sein. Es war wie ein Highlight, auf das er hin lebte. Er freute sich darauf, nur mit Ihnen Zeit zu verbringen, Sie körperlich berühren zu dürfen, ohne mit Störung zu rechnen. Sie einmal wieder als Partnerin zu erleben, sie nicht mit den Kindern teilen zu müssen, das schien ihm wahrscheinlich richtig himmlisch zu sein.
Diese Freude wurde mit dem Auftauchen Ihrer Mutter jäh zerstört. Nun musste er Sie wieder teilen. Vielleicht schob er Ihnen sogar unter, dass Sie das so geplant hatten.

Er wollte die Schwiegermutter nicht verletzen, deshalb sagte er nichts zu ihr. Aber dafür verletzte er Sie. Dabei vergaß er, dass auch Sie enttäuscht waren über dieses Missgeschick. Drücken Sie das ihm gegenüber ruhig deutlich aus. Bitten Sie Ihre Mutter, in Zukunft von Überraschungsbesuchen abzusehen. Wenn Sie wieder solch ein Wochenende planen, versuchen Sie, nicht zu Hause zu bleiben, sondern in einer Ferienwohnung oder einem Hotel unterzukommen.
Falls das nicht möglich ist, stellen Sie den Anrufbeantworter an und schalten Sie die Haustürklingel aus.
Nehmen Sie sich öfter solche Wochenenden der Zweisamkeit vor, damit ein Ersatz in Sicht ist, sollte eines „danebengehen“.

Zum Weiterdenken:
Schaffen Sie mehr Highlights in Ihrer Ehe,
damit eine Basis von Nähe geschaffen wird,
und das nicht nur an Wochenenden!

Unser Schlafzimmer ist nicht schalldicht

Wir haben gebaut. Da mein Schwiegervater verstorben ist, haben wir Mutter mit ins Haus genommen. Sie unterstützt uns in vielem. Auch finanziell hat sie uns unter die Arme gegriffen. Doch es gibt ein Problem: Unser Haus ist sehr hellhörig. Auch die Türen halten kaum die Geräusche zurück. Zudem hat sie ihr Schlafzimmer auf demselben Stockwerk wie wir. Wenn ich mit meinem Mann zusammen bin, habe ich immer Angst, dass die Schwiegermutter uns hören könnte. Das nimmt mir jegliche Lust, mit meinem Mann intim zu werden.

Überlegen Sie, ob Sie das Schlafzimmer der Schwiegermutter in ein anderes Stockwerk verlegen könnten. Auch wenn dies mit neuen Ausgaben verbunden sein sollte, scheuen Sie sie nicht. Lassen Sie diese besondere Gabe Ihrer Ehe nicht brachliegen, nur weil Sie sich beobachtet fühlen.

Vielleicht hilft auch eine schalldichte Tür oder sogar eine Doppeltür am Schlafzimmer. Könnte man einen kleinen Abschluss anbringen? Lassen Sie nichts unversucht, um eine Lösung zu finden, auch wenn dies für die Schwiegermutter komisch aussieht. Lassen Sie sich diese Entscheidung nicht ausreden. Sie ist ehe-not-wendig!

Zum Weiterdenken:
Wer Konflikte scheut und sich nicht um Lösungen bemüht, züchtet Probleme, die der andere überhaupt nie gewollt hat.

Heim zu Muttern?

Wenn wir Krach miteinander haben, kommt mein Mann abends nicht zum Essen nach Hause, sondern geht zu seiner Mutter. Das verbessert mein Verhältnis zu ihr nicht gerade. Die Schwiegermutter ist natürlich sehr froh, wenn er kommt, und verwöhnt ihn.

Als Gott Mann und Frau geschaffen hatte, gab er dem Mann die Aufforderung, Vater und Mutter zu verlassen (1. Mose 2,24). Die Ehepartnerin sollte wichtiger werden als die Eltern. Ich bin sicher, Gott wusste, dass für Menschen, die zuvor ein heiles Elternhaus hatten, das nicht einfach sein würde. Eltern sind ab einem bestimmten Alter nachgiebig und verständnisvoll.
In der Ehe aber begegnen sich ebenbürtige Partner. Ehe ist eine Herausforderung und ein immer neues Sich-auf-den-Weg-Machen, um den anderen zu verstehen.
Ihr Mann flieht, wenn es Probleme bei Ihnen gibt. Vielleicht ist er besonders harmoniebedürftig. Der Streit nimmt ihn dann sehr mit.
Doch Meinungsverschiedenheiten werden nicht dadurch gelöst, dass er zu seiner Mutter ausweicht.
Sie können Ihrem Mann nicht verbieten, seine Mutter zu besuchen. Aber Sie sollten ihm sagen, welchen Unmut das in Ihnen auslöst.
Vielleicht sind Sie im Streit so sehr aufgebracht und verletzend, dass Ihrem Mann nur der Fluchtweg bleibt? Prüfen Sie sich selbst. Sprechen Sie mit Ih-

rem Mann darüber, wie Sie in Zukunft Ihre Meinung ausdrücken könnten, ohne ihn zu verletzen. Beraten Sie miteinander, welche Alternativen es beim nächsten Streit geben könnte.

Wenn das nicht gelingt, suchen Sie bitte eine Beratungsstelle auf. Oft hilft es, wenn man jemanden von außen dazu anhört, den anderen besser zu verstehen. Und manchmal ergeben sich dann im Gespräch auch neue Wege, die zu einer Lösung führen.

Mit Ihrem Mann könnten Sie ausmachen, dass er seine Mutter regelmäßig besucht. Dann muss die Schwiegermutter nicht immer darauf warten, dass Sie als Ehepaar miteinander Streit haben, um ihren Sohn wiederzusehen und zu verwöhnen. Mutter und Sohn haben in diesem Fall auch anderen Gesprächsstoff als nur den Streit, den Ihr Mann gerade mit Ihnen hat.

Zum Weiterdenken:

Es ist wesentlich anstrengender, mit einem Menschen zu leben, der unterschiedliche Erwartungen und Vorstellungen hat, als mit einer Mutter, die alles versteht und die immer vergibt.

XII.

Gewalt in Ehe und Familie

In der Gemeinde ist er Ältester, zu Hause schreit er herum

Wir gehen beide zur Gemeinde. Mein Mann ist sogar Ältester. Von vielen Gemeindegliedern wird mein Mann geschätzt. Solange wir unterwegs sind, ist mein Mann ein richtiger Gentleman. Doch sobald wir die Haustür hinter uns schließen, schreit er herum, nörgelt an allem, ist ungehalten zu den Kindern. Ich bin sehr erschüttert darüber und verstehe die Welt nicht mehr. Was ist nur mit ihm los?

Ihr Mann unterscheidet zwischen außerhalb und innerhalb. Ist er „draußen", will er seine Familie verteidigen, steht zu ihr, zeigt das auch vor anderen. Auch für ihn bleibt davon etwas Glanz übrig.

Sobald er im eigenen Haus ist, meint er für alles verantwortlich zu sein, die Kinder erziehen zu müssen und auch Ihnen zu zeigen, was Ihre Aufgabe ist, damit alles klappt. Er hat einfach eine falsche Vorstellung von Familienleben. Möglicherweise lebt er zu Hause das Muster, das er in seiner Kindheit an Vater und Mutter erlebt hat.

Sprechen Sie in einer ruhigen Stunde mit ihm über sein Fehlverhalten. Vielleicht nimmt er sich selbst so gar nicht wahr. Bitten Sie um konkrete Veränderung. Machen Sie kleine Zeichen aus, die ihn daran erinnern, wenn er zu heftig reagiert, ohne dass die Kinder das bemerken. Kein Mann will gerne von seiner Frau „erzogen" werden.

Wenn nichts davon greift, suchen Sie Hilfe von außen. Sollte Ihr Mann nicht mitgehen, begeben Sie sich allein dorthin. Achten Sie darauf, dass es niemand von der Gemeinde ist. Kein Mensch möchte in der eigenen Gemeinde schlecht dastehen.

Zum Weiterdenken:
Wer als Ehepartner die schlechten Eigenschaften des Partners nur zudeckt, hindert ihn an seiner Reife.
Als Ehepartner müssen wir auch Spiegel für den anderen sein.

Mein Mann schlägt mich

Mein Mann ist von seiner Eigenart her eher sensibel und gutmütig. Das war einer der Gründe, warum ich ihn heiratete. Doch je länger wir beisammen sind, desto mehr entwickelt er Aggressionen. Wenn ich manchmal anderer Meinung bin als er, schlägt er mich. Ich weiß, dass er im Geschäft unter enormer Anspannung steht. Deshalb habe ich es ihm immer wieder vergeben. Hinterher tut es ihm Leid.
Früher kamen solche Übergriffe nur selten vor. Aber jetzt wird es immer häufiger. Ich versuche schon, nichts mehr zu sagen. Aber auch das macht ihn wütend.
Ich habe ihn gebeten, sich in Behandlung zu begeben. Aber er meint, es läge alles nur an mir. Wenn ich mich anders verhalten würde, wären seine Reaktionen nicht so schlimm. Es wäre alles meine Schuld. Wenn ich dann einen Beratungstermin ausgemacht hatte, musste ich ihn wieder absagen, weil er nicht mitwollte.
Ich habe Angst, mich jemandem zu öffnen. Wenn er das mitbekommen würde, würde er mich sicher wieder schlagen.
Manchmal bin ich so verletzt, dass ich keinerlei Berührung will. Doch das ignoriert er. Er zwingt mich zum Geschlechtsverkehr. Ich bin nicht stark genug, um mich wehren zu können.
Manchmal habe ich auch an Scheidung gedacht, denn ich kann so nicht weiterleben. Aber ich möchte auch nicht allein sein. Die Bibel verbietet die Scheidung bzw. die Wiederheirat. Ich bin so verzweifelt.

Wenn die Bibel davon spricht, dass wir uns nicht scheiden lassen sollen, dann nicht, um ständig in Misshandlungen leben zu müssen. Gott hat die Ehe als Lebensgemeinschaft geschaffen, in der wir uns einander beschenken. Dass es

dabei auch schwierige Zeiten geben kann, ist normal. Deshalb gibt es Vergebung und Neuanfang. Gott will, dass Paare sich wiederfinden und neu lieben lernen. Dass ein Ehepartner einen anderen ständig unterdrückt oder sogar schlägt, ist nicht das Ziel von Gottes Erfindung. Ihr Mann steht offensichtlich unter enormem Druck im Berufsleben. Zu Hause entladen sich die angestauten Aggressionen. Es wäre gut, Ihr Mann könnte mit Ihnen darüber reden. Dann könnten Sie ihn besser verstehen und ihn vielleicht sogar auffangen. Offensichtlich schafft er das nicht.
Dass Sie aber auf solch eine üble Weise seine Launen aushalten müssen, ist untragbar. Und dass dabei alle guten Gefühle für ihn verloren gegangen sind, ist verständlich.
Suchen Sie auf jeden Fall nach Auswegen. Vielleicht kennen Sie jemanden, bei dem Sie für einige Zeit leben könnten. Ihr Mann hat sich schon viel zu lange daran gewöhnt, seine Aggressionen bei Ihnen auszuleben. Da er nicht bereit ist, an einer Änderung zu arbeiten, wird sich auch in Zukunft nichts verändern.
Wenn Ihre Angst vor Einsamkeit das einzige Argument ist, in dieser Ehe zu bleiben, ist das zu wenig. Werden Sie selbstständig! Das ist der erste Schritt, um in eine gesunde Unabhängigkeit zu finden. In einer nächsten Ehe könnte es sonst sehr schnell wieder zu einem solchen unguten Verhaltensmuster kommen.
Vielleicht verändert auch Ihr Mann sich, wenn Sie erst einmal ausgezogen sind.

Zum Weiterdenken:

Angst vor dem Ehepartner ist ein Zeichen,
dass Vertrauen verloren gegangen ist.
Sie schweigen aus Angst vor den Reaktionen Ihres Mannes.
Sein Verhalten wird sich aber nicht von allein verbessern.
Bleiben Sie auch nicht nur aus Angst vor Alleinsein in der Ehe.
Wenn Ihr Mann wirklich nichts verändern will, wird er Sie verlieren.
Arbeiten Sie an Ihrer Persönlichkeit,
um einen festeren Stand für sich selbst zu finden.
Gott hat mehr offene Türen für Sie!

Mein Mann schlägt die Kinder

Wir haben zwei wirklich liebe Kinder. Es sind Wunschkinder, über die wir uns beide richtig freuten. Inzwischen sind sie drei und sechs Jahre alt. Die Jüngere ist sehr temperamentvoll und laut, die Ältere eher angepasst. Mein Mann meint, ich würde die Kinder zu sehr verwöhnen, ginge viel zu viel auf sie ein. Wenn beim Essen ein Kind an ein Glas stößt und es umfällt, rastet mein Mann buchstäblich aus. Er steht auf und schlägt auf das Kind ein. Die Kinder sind beim Essen schon ganz still. Jedes passt auf, dass nichts passiert, damit Papa sich nicht aufregt.

Steht ein bisschen Spielzeug herum, schreit mein Mann auch mit mir herum, beschuldigt mich, den ganzen Tag nur herumzubummeln. Manchmal hebt er auch die Hand gegen mich. Aber er hat mich noch nicht geschlagen. Doch für die Kinder fürchte ich, dass sie einen Schaden bekommen. Denn er schlägt hart zu und achtet nicht darauf, wohin er trifft.

Wenn ich mit ihm darüber reden will, wird er einfach nur sehr sauer. Meine Gefühle für ihn liegen auf Eis. Aber das macht ihn umso wütender. Er meint, wenn ich öfter mit ihm schlafen würde, würde er die Kinder nicht schlagen. Ist er gut drauf, kann er sehr lieb sein, spielt mit den Kindern, pfeift sogar mal ein Lied.

Sie lieben Ihre Kinder und können offensichtlich gut mit ihnen umgehen. Ihr Mann bemerkt das auch. Vielleicht ist er innerlich sogar stolz darauf. Aber denken Sie darüber nach, ob Sie die Kinder nicht zum Mittelpunkt gemacht haben. Ihr Mann kommt sich eher als Randfigur vor. Die beiden Mädchen haben das Herz der Mutter. Hat Ihr Mann auch noch etwas davon? Sind seine Reaktionen vielleicht deshalb so hart, weil er die Kinder dafür bestrafen will, dass sie ihm die Frau weggenommen haben?

Viele Männer fühlen sich durch ihre Kinder überlastet. Meistens hört die Frau auf zu arbeiten, wenn das erste Kind geboren ist. Dadurch ist finanziell nicht mehr so viel Spielraum da wie zuvor. Außerdem wird die Wohnung enger, weil für die Kinder Raum geschaffen werden muss. Und als Weiteres findet die Frau in ihren Kindern oft Erfüllung und klammert den Mann mehr und mehr aus ihrem Leben aus. Oder umgekehrt: Die Frau fühlt sich mit den Kindern überfordert und erwartet vom Mann mehr Gespräch und Mithilfe. Prüfen Sie, was bei Ihnen am ehesten in Frage kommt, und versuchen Sie die

Punkte, die Ihnen möglich sind, zu verändern. Das könnte zu einer großen Entlastung für Sie alle werden.
Dass Ihr Mann die Kinder schlägt, ist auf jeden Fall falsch und auch nicht zu entschuldigen. Sprechen Sie mit ihm darüber, dass Sie das nicht mehr mit ansehen werden. Erklären Sie ihm ganz ruhig, dass Sie das nächste Mal einen Arzt aufsuchen werden.
Pflegen Sie neu Ihre Zweisamkeit. Machen Sie Ihr Schlafzimmer zu einem Ort der Vertrautheit für Sie als Ehepaar. Die Kinder dürfen neu lernen, dass es nur Geborgenheit für sie geben kann, wenn Vater und Mutter auch als Paar leben. Leben Sie Ihren Kindern Ehe vor!

Zum Weiterdenken:

Geben Sie Ihrem Mann wieder den Platz, der ihm eigentlich gehört,
den Platz an Ihrer Seite. Die Kinder werden irgendwann erwachsen werden
und gehen. Ihr Mann wird dann hoffentlich noch da sein.
Doch körperliche Gewalt muss unbedingt aufhören!
Der Schaden für die Kinder ist zu gross.
Unternehmen Sie unbedingt Schritte, damit das unterbleibt.
Nehmen Sie evtl. die Hilfe einer Erziehungsberatungsstelle in Anspruch.

XIII.

Der Versuchung widerstehen

Endlich habe ich den Mann meiner Liebe gefunden, aber ich bin schon verheiratet

Wir sind seit 15 Jahren verheiratet und haben vier Kinder. Ich bin jetzt Anfang 40. Eigentlich haben wir noch nie eine erfüllte Ehe gelebt. Doch jetzt habe ich mich in einen jungen Mann verliebt. Es ist der Sohn einer Freundin von mir. Ich habe solche Liebe noch nie zuvor gefühlt. Jetzt erst weiß ich, was Liebe ist. Der junge Mann ist Anfang 20. Ich frage mich ernstlich, ob ich ihm von meinen Gefühlen sagen soll. Mein Mann spürte, dass etwas nicht mit mir in Ordnung ist. Ich habe ihm davon erzählt. Jetzt ist er furchtbar eifersüchtig und will mir alle Kontakte verbieten. Er spioniert mir nach, wenn ich aus dem Haus gehe. Ich fühle mich total kontrolliert und bin sauer auf ihn. Als ich meinen Mann kennen lernte, waren wir noch keine Christen. Jetzt gehören wir zu einer Gemeinde. Ich habe meinen Mann eigentlich noch nie wirklich geliebt. Habe ich nicht das Recht darauf, auch einmal glücklich zu sein?

Sie schreiben nicht viel über Ihren eigenen Mann, außer dass Sie ihn noch nie geliebt haben und dass Sie nie eine erfüllte Ehe hatten. Seit 15 Jahren sind Sie verheiratet und haben möglicherweise auch nie darüber nachgedacht, eine erfüllte Ehe zu leben. Sie haben vier Kinder bekommen. Vielleicht haben Sie sich um die Kinder gekümmert, aber nie um Ihren Mann.
Ehe lebt vom Geben und Nehmen. Beides ist bei Ihnen zu kurz gekommen. Die Kinder standen im Vordergrund. Ihre Versorgung war Ihnen wichtig. Aber Ihre Ehesubstanz wurde zu wenig gepflegt, was umso wichtiger gewesen wäre, da Sie mit nur sehr wenig begannen.
Die momentane Situation ist sicher schwierig. Sie haben sich in einen Mann verliebt, der Ihr Sohn sein könnte. Vielleicht ist mit diesem jungen Menschen

noch einmal die ganze Sehnsucht Ihrer Jugend aufgetaucht. Sie würden gerne noch einmal ganz von vorn beginnen mit jemandem, der diese Lebensstrecke noch vor sich hat. Doch mit Sicherheit würden Sie diesen Menschen um ein Stück seines Lebens berauben. Und auch sich selbst würden Sie nichts Gutes tun. Sie können Ihr Leben nicht in einer neuen Beziehung nachholen. An Ihrer Ehe haben Sie vielleicht bis heute nicht wirklich gearbeitet. Sie haben auf Liebe gewartet, und sie kam nicht. Doch Liebe wird genährt von vielen kleinen Liebenswürdigkeiten, die im Alltag bewusst gepflegt werden müssen. Viele Paare heiraten den über alles geliebten Partner und stehen nach einigen Jahren am selben Punkt wie Sie jetzt. An diesem Punkt würden Sie nach einiger Zeit mit dem jungen Mann auch stehen.

Reißen Sie sich diese Liebe, wie Sie sie nennen, aus Ihrem Herzen! Wenn es wirklich Liebe ist, sagen Sie dem jungen Mann nichts von Ihren Gefühlen. Liebe gibt dem anderen das Beste. Mit Ihrer Liebeserklärung würden Sie nur Verwirrung stiften.

Arbeiten Sie an Ihrer Ehe. Sagen Sie Ihrem Mann, was er Ihnen Gutes tun kann. Bitten Sie ihn um Zeit und Zuwendung. Lernen Sie, liebevoll und zärtlich mit ihm umzugehen, auch wenn Sie noch nicht so fühlen. Gefühle wandern dann meist hinterher. Wenn sie zuvor verloren gegangen waren, müssen sie wiedergefunden werden. Sie sind auch zu finden, wenn sie noch nie so richtig gespürt wurden. Es ist höchste Zeit, dass Sie sich auf die Suche danach machen, als dass Sie einem Traum nachlaufen, der nicht nur den jungen Mann und Sie, sondern auch den Rest Ihrer Familie ins Unglück stürzen würde.

Machen Sie sich bewusst, dass der Tod die Bezahlung für die Sünde ist (Römer 6,23). Das ist kein Bibelvers, um Ihnen Angst zu machen, sondern um Sie vor der Verführung zum Falschen zurückzuhalten. Versuchen Sie sich vor Augen zu halten, was für Folgen durch eine Scheidung für Sie und Ihre Familie verursacht würden. Beginnen Sie, die Situation der Kinder zu durchdenken, die Teilung, den Wegzug. Denken Sie ruhig auch daran, was der junge Mann an Schwierigkeiten aushalten müsste, wenn er eine „Mutter“ heiraten würde. Vielleicht sollten Sie auch Ihren eigenen Mann nicht dabei vergessen.

Ist es das wert, dass so viele Menschen in Verzweiflung getrieben würden, nur weil Sie meinen, jemanden zu lieben, der nicht Ihr Mann ist?

Zum Weiterdenken:
Gefühle reichen nicht aus,
um einen Menschen auf Dauer glücklich zu machen.
Liebe gibt dem anderen das Beste,
auch wenn es für Sie selbst Verzicht bedeutet.

Niemand hat mir je so zugehört wie mein Pfarrer

Seit Jahren haben wir Eheprobleme. Mein Mann hat keine Lust, mit mir zur Beratung zu gehen. Deshalb gehe ich immer wieder zu Gesprächen bei unserem Pfarrer. Er ist ein verständnisvoller, liebenswerter Mensch. Niemand hat mir je so zugehört wie er. Es ist schon die Art, wie er mich begrüßt, die mir sehr gut tut. Er versteht mich einfach, ohne dass ich so viele Worte machen muss. Im Hintergrund höre ich dann oft, wie seine Frau nicht gerade liebevoll mit den Kindern umgeht. Sie wirkt auf mich sowieso eher zurückhaltend und kühl.
Manchmal habe ich den Gedanken, ob der Pfarrer und ich nicht viel besser zusammenpassen würden. Ich habe das natürlich noch nie ausgedrückt bei ihm. Aber dann stelle ich mir vor, wie schön es wäre, solch einen Mann als Ehemann zu haben. Eigentlich ist es doch ungerecht, dass jeder von uns den falschen Partner hat. Könnte man nicht nach einer Scheidung nochmals ganz neu anfangen? Ist Gott nicht ungerecht, dass er das verbietet?

Ihr Pfarrer ist sicher ein liebenswürdiger Mensch. Aber dort ist nicht der richtige Platz, wo Ihnen geholfen werden kann. Durch die Zuwendung, die Sie dort erfahren, erhält Ihr Mann noch eine schlechtere Note, als er zuvor hatte. Da der Pfarrer so gut zuhören kann, hat Ihr Mann einen weiteren Abstiegspunkt.
Da ist ein Verhältnis zwischen Ihrem Pfarrer und Ihnen entstanden, das Ihnen nicht weiterhelfen wird. Ihre Ehe wird dadurch weder stabilisiert noch sind Sie fähig, an Ihrer Ehebeziehung zu arbeiten. Im Grunde gehen Sie dorthin, um mit Ihrem Pfarrer Gemeinschaft zu haben und seine Nähe zu ge-

nießen. Damit pflegen Sie Ihren Traum, dass der Pfarrer sicher der bessere Partner für Sie gewesen wäre.
Verbieten Sie sich diese Gespräche! Sie helfen niemandem. Weder Ihnen und Ihrer Ehe noch dem Pfarrer und seiner Familie. Es ist ein Geschenk, wenn ein Mensch uns versteht und vielleicht auch noch für uns betet. Aber es ist eine Lüge, dass Sie mit diesem Pfarrer glücklich würden, wenn Sie mit ihm nach einer Scheidung eine neue Ehe begännen.
Schenken Sie dieser Lüge keinen Glauben. Es ist nach wie vor dieselbe Schlange, die Eva im Paradies dazu verleitete, die verbotene Frucht zu nehmen mit der Aussicht, dann noch mehr und Besseres zu haben als zuvor.
Wenn Sie weiter Gespräche wollen, suchen Sie sich einen neuen Therapeuten, der vielleicht nicht ganz so liebevoll mit Ihnen umgeht, aber dafür mehr in Bewegung bringt, was Ihrer Ehe förderlich ist.

ZUM WEITERDENKEN:

SUCHEN SIE SICH EINE GEBETSPARTNERIN, MIT DER SIE SICH REGELMÄSSIG TREFFEN.
BETEN SIE DARUM, DASS GOTT IHR HERZ VERÄNDERT,
DAMIT SIE IHREN MANN NEU LIEBEN LERNEN.

In meinen Träumen schlafe ich in den Armen eines anderen

Ich bin 48 Jahre und verheiratet. Dazu bin ich Christin und gehöre zu einer Gemeinde. Fast schäme ich mich, diesen Zusatz zu sagen. Denn ich habe ein Problem, das mich wirklich belastet: Seit einiger Zeit habe ich Träume, deren ich mich kaum erwehren kann. Im Traum schlafe ich mit einem Mann, den ich nicht einmal kenne. Dabei empfinde ich solch schöne Gefühle, dass ich, wenn ich aufwache, immer noch den Reiz davon spüren kann. Ich will das nicht. Auf der anderen Seite gebe ich mich diesen Gedanken und Gefühlen manchmal auch am Tag hin, weil sie so aufregend waren. Seit langem habe ich mit meinem Mann so etwas nicht mehr erlebt. Wir begegnen uns kaum noch in der Sexualität.

Durch diese Träume fühle ich mich zwar auf der einen Seite belastet, weil ich dabei Schuld empfinde. Auf der anderen Seite geben mir diese Gefühle den Eindruck, noch einmal jung und dynamisch zu sein. Bitte helfen Sie mir!

Wir sind umgeben von einer Welt, die uns ständig vormacht, dass wir Sex brauchen, um uns wohl zu fühlen. Für viele Produkte wird Werbung gemacht mit unterschwelligen sexuellen Wünschen, die sich damit verbinden sollen. Sexualität gehört zu unseren Grundbedürfnissen wie Essen, Trinken und Schlafen. Sie unterscheidet sich aber von den genannten. Denn wenn wir übermüdet sind, schlafen wir, auch wenn wir uns wach halten wollen, irgendwann ein. Falls wir zu lange ohne Essen und Trinken auskommen müssen, bekommen wir zunächst Mangelerscheinungen, und schließlich sterben wir. Doch ohne Sexualität können wir ohne weiteres überleben, was nicht heißt, dass wir nicht auch daran leiden können.

Gott ist der Erfinder der Sexualität. Er wollte, dass das Ehepaar sich liebevoll damit beschenkt. Wenn diese Nähe unterbleibt, ist ein tiefes Verlangen nach Zärtlichkeit und Nähe da. Häufig wird es gar nicht bewusst wahrgenommen. Doch dann spiegelt es sich in Träumen wider.

Sie begegnen Ihrem Mann kaum noch in der Sexualität. Im Lauf der Ehejahre standen andere Dinge im Vordergrund. Sie haben einander im Gewirr der Pflichten vergessen. Berührung ist selten geworden, gute Worte und Gespräche sind untergegangen. Ihre Emotionen leiden darunter. Im Traum zeigt sich dieses Defizit. Als Sie jung waren, fühlten Sie sich noch lebendig, jetzt ist etwas gestorben in Ihnen. Ihr Traum zeigt, dass es aber noch wach ist. Beginnen Sie wieder zu leben! Aber leben Sie mit Ihrem Mann! Leben Sie nicht nur im Traum Ihre Jugendlichkeit, sondern fangen Sie bewusst an, wieder etwas für sie zu tun. Belegen Sie Gymnastikstunden und beginnen Sie wieder, sich selbst zu fühlen, Ihren Körper wahrzunehmen und zu trainieren. Betreiben Sie Körperpflege und umgeben Sie sich mit Duft, damit Sie sich selbst besser riechen und leiden können.

Sie sind nicht zu alt, um nicht noch einmal für Ihren Mann die Geliebte zu werden, die Sie einmal waren. Beginnen Sie mit ihm die Träume zu leben, und erleben Sie, wie auch Ihr Mann dadurch noch einmal ein Stück Dynamik gewinnt, wenn er sich von Ihnen begehrt fühlt.

Laufen Sie nicht mehr einem Mann nach, der nur in Ihren Träumen auftaucht und Sie in eine falsche Richtung bringt.

Zum Weiterdenken:
Trennen Sie sich bewusst von Ihren Traumbildern,
die Sie nur in eine Welt locken,
die Sie umtreibt und den Alltag trist werden lässt.
Beginnen Sie so zu leben,
dass Sie Erfüllung in der Gegenwart erfahren dürfen.

Eigentlich telefonieren wir doch nur miteinander!

Beim Einkaufen habe ich einen netten Mann kennen gelernt. Er half mir die schwere Getränkekiste zum Auto zu tragen. Dabei kamen wir ins Gespräch. Er war mir sofort sympathisch. Wir tauschten die Telefonnummern aus. Seitdem telefonieren wir öfters miteinander, natürlich nur, wenn mein Mann im Geschäft ist. Die Gespräche mit diesem Mann entspannen mich total. Dieser Mensch tut mir einfach gut. Auch auf meinen Mann wirke ich ausgeglichener. Er weiß natürlich nicht, woran das liegt. Meine Hausarbeit geht mir leichter von der Hand. Ich freue mich auf jedes neue Gespräch. Ist es Sünde, wenn ich mit dem anderen Mann telefoniere? Ich hab doch sonst nichts mit ihm als das Gespräch. Wir tun doch wirklich nichts Verbotenes. Trotzdem habe ich ein komisches Gefühl dabei.

Machen Sie sich selbst nichts vor. Sie sind einem Mann begegnet, der Sie fasziniert. Sie tauschen sich mit ihm aus. Er hört Ihnen zu. Im Grunde weiß er mehr über Sie als Ihr Mann. In Gedanken beschäftigen Sie sich mehr mit ihm als mit irgendjemandem sonst. Da Sie ihn aber körperlich nicht berühren und auch sonst nichts zwischen Ihnen stattgefunden hat, meinen Sie, es sei ja alles harmlos. Dabei ist er schon lange der Mann geworden, den Sie sich als Ehepartner wünschten, aber leider nicht haben.
Außerdem steht zwischen Ihnen ein wohl gehütetes Geheimnis. Ihr Mann darf nichts davon wissen, dass Sie so oft mit diesem Mann Kontakt haben. Zwar ist nach außen Ihr Druck und Ihre Spannung gesunken und Sie wirken ausgeglichener auf Ihren Mann. Wenn er allerdings wüsste warum, käme mit Sicherheit viel mehr Spannung auf, als zuvor da war. Immer weiter wird im

Lauf der Zeit die Kluft in Ihrer Ehe.
Suchen Sie eine Freundin, mit der Sie sich austauschen können, und bitten Sie Gott um Kraft, dass Sie nicht wieder in die alte Richtung gehen, weil es so schön war. Beten Sie darum, dass Gott Ihren Mangel ausfüllen möge.

Zum Weiterdenken:

Dieser heimliche Austausch nagt an Ihrer Ehesubstanz.
Der Freund wird immer mehr der Vertraute, der um Ihre Gefühle weiss, der Ehemann dagegen wird der Fremde, der Sie sowieso nicht versteht.
Machen Sie Schluss mit diesen Heimlichkeiten.
Geben Sie diese Gespräche auf, die Ihnen anscheinend so gut tun, aber als Folge nur Zerstörung haben.

Falsche Beziehung?

Ich fühle mich zu einem Mann in der Gemeinde hingezogen. Manche Gemeindeglieder stört das gewaltig. Sie unterstellen mir Ehebruch. Aber zwischen uns ist absolut nichts gewesen. Wie soll ich mich verhalten?

Zum Ersten gilt, dass da weder Mann noch Frau ist, sondern alle gleich vor Gott. Wenn zwei Menschen in einem gemeinsamen Dienst gute Arbeit für Gott bringen, ist das einfach wunderbar.
Trotzdem sind einige Dinge zu beachten:

1. Wenn der Mann verheiratet ist, sollte seine Ehefrau um diesen gemeinsamen Dienst wissen und ihn bejahen. Wenn dieses Ja nicht da ist, führt es zu unnötigen Spannungen zwischen dem Paar, selbst wenn die Beziehung zwischen Ihnen und dem Mann vollkommen in Ordnung ist.
2. Oft sind Männer mit Begeisterung im Dienst des Herrn. Und manchmal schleicht sich Zuneigung ein, ohne dass der Mann es zunächst selbst wahrnimmt. Wenn es aber dann so ist, fällt es schwer, diese Gefühle wieder abzustellen. Lassen Sie es erst gar nicht so weit kommen.
3. Frauen zeigen Zuneigung zu einem Mann, der auf ihrer Wellenlänge ist. Diese Gefühle führen nicht gleich zu intimen Handlungen. Aber auf Dau-

er wird die Schwelle zur Intimität immer kleiner, weil die Vertrautheit zunimmt. Der Mann wird Ihnen von Problemen in seiner Ehe erzählen. Falls Sie verheiratet sind, werden Sie ihm auch von den Ihren berichten. Es entsteht eine gewisse Solidarität.
Sollten Sie nicht verheiratet sein, werden Sie Mitleid mit ihm empfinden, ihn verstehen. Das wird ihm sehr gut tun, aber seiner Ehe umso mehr schaden.
4. Sollten Sie beide noch nicht verheiratet sein, überlegen Sie, ob Ihre Dienstgemeinschaft nicht gleichzeitig eine Ehegemeinschaft sein könnte. So wäre dieses Problem für die Gemeinde gelöst – und für Sie eine herrliche Verknüpfung, dem Herrn Jesus Christus auf zweifache Weise zu dienen.

Zwischen uns ist nichts gewesen, schreiben Sie. Heißt das, dass Sie nichts für diesen Mann empfinden, oder meinen Sie damit, dass Sie sich noch nicht geküsst haben oder miteinander im Bett waren?
Prüfen Sie ehrlich vor Gott, wo Sie stehen. Versuchen Sie, vor einem vertrauensvollen Menschen alles auszusprechen und ihn um seinen ehrlichen Eindruck zu bitten.
Lassen Sie nicht zu, dass Ihr Glaube an dieser Stelle Schiffbruch erleidet. Schneiden Sie lieber Ihre Freundschaft und diese Art Dienst ab, und achten Sie darauf, diesem Mann nicht ständig zu begegnen.
König David im Alten Testament war so verblendet, dass er nicht mehr erkennen konnte, in welche Sackgasse er geraten war. Bis dann schließlich der Prophet Nathan zu ihm kam und ihm eine Geschichte erzählte. David war sehr wütend auf den ungerechten Menschen, von dem Nathan berichtete. Schließlich erkannte David, dass er selbst dieser Mann war (2. Samuel 12).

Zum Weiterdenken:

„Nichts gewesen" heisst nicht,
dass da nicht schon ein Feuer am Brennen sein könnte,
das Sie vielleicht irgendwann nicht mehr unter Kontrolle halten können.
In Jakobus 1,14 steht: „Jeder Mensch wird durch seine
eigenen Begierden dazu verleitet, Böses zu tun."
Lust kann schon mit liebevollen Worten beginnen.

Statt eines Nachworts

Unser Bedürfnis nach Nähe umfasst Leib, Seele und Geist. In all diesen Bereichen sehnen wir uns nach Erfüllung.

Wenn wir körperlich krank sind, versuchen wir Wege zur Heilung zu finden. Haben wir Hunger oder Durst, versuchen wir ihn zu stillen. Wer starken Durst hat, wird kaum über intime Wünsche nachdenken, auch nicht, wer unter schweren Schmerzen leidet. Der Mangel oder auch der Schmerz nehmen das Denken gefangen.

Wer emotional verletzt wird, geht auf Abstand, der verliert die Lust für Nähe. Der Verletzungsschmerz hindert daran, Gefühle für jemanden zu entwickeln. Auch die Vergebung bewirkt dann nicht unbedingt, dass Altes vergessen wird. Die Seele speichert. Um nicht noch einmal so etwas zu erleben, schützt sie sich. Manchmal sperrt sie sich dabei selbst so sehr ein, dass sie keinen Ausweg aus diesem Labyrinth mehr findet.
Unsere Seele hungert nach Wertschätzung. Wenn wir eine Freundschaft eingehen oder zum Traualtar gehen, haben wir bei einem Menschen das gefunden, wonach wir hungern: Wir fühlen uns in unserem Menschsein angenommen und ernst genommen. Tief drinnen meinen wir den Sinn unseres Daseins gefunden zu haben.
Doch immer, wenn wir auf einen Menschen treffen, werden wir einen unvollkommenen Menschen finden. Niemand wird je unser ganzes Sehnen, unsere gesamten Defizite ausfüllen können. Immer wird ein Teilbereich unbefriedigt zurückbleiben. Je mehr innere Verletzungen wir mit uns bringen, umso schwerer wird es sein, dass ein Mensch diese vollkommen heilen könnte.
Emotionale Befriedigung empfinden Menschen in unterschiedlichen Bereichen. Da, wo wir als Kind und Teenager am meisten gelitten haben, werden wir am schnellsten dankbar reagieren, wenn wir es auf umgekehrte Weise erfahren: Wer nie Zuwendung erlebt hat, wird auf Zuwendung verrückt sein. Wer selten Zärtlichkeit und Einfühlsamkeit erfuhr, wird es genießen, wenn ein Gegenüber das zeigt. Wer körperlich kaum berührt wurde und keine Umarmung kennt, wird für Nähe offen sein. Doch selbst wenn ein Freund nicht

vorhat, diese Gefühle nur als Mittel zum Zweck einzusetzen, wird er mit der Zeit nicht erfüllen können, was an Sehnsucht in jedem Menschen ist.
Auch unsere eigene Liebe ist zerbrechlich. Wir meinen zwar für immer lieben zu können. Aber wir geben letztlich doch auf, wenn auf Dauer nichts zurückkommt. Oder wir verlieren unsere Liebe, weil wir so oft verletzt wurden. Liebe wartet auf Antwort. Manche Menschen sind nicht fähig, unsere Liebe so zu erwidern, wie wir es benötigen.

Wir sind nicht nur Leib und Seele. Wir sind auch Geist. Das ist jener Teil in uns, der den Tod überlebt. Geist ist das, was auf den hinweist, der uns erschaffen hat, was uns forschen lässt, woher wir kommen und wohin wir gehen. Wer diese Frage aus seinem Leben ausklammert, kann nicht zur Erfüllung finden, denn alles Leben kommt von Gott und will auch wieder zu ihm hin. Alle Sehnsüchte in uns weisen im Grunde auf den einen hin, der allein fähig ist, diese Sehnsucht zu stillen:
Die Sehnsucht nach Geborgenheit und Nähe,
die Sehnsucht nach Verstandenwerden und Versöhnung,
die Sehnsucht nach Liebe und Heilung von Verletzungen,
die Sehnsucht nach Harmonie und Treue,
die Sehnsucht nach sich öffnen dürfen und vollkommen angenommen sein trotz Fehler.
Unser Geist wird auch noch lebendig sein, wenn unser Körper zu Staub wurde und unsere Emotionen begraben sein werden.
Letztlich sind alle diese Süchte eine Sehnsucht nach Gott, die nur er vollkommen erfüllen kann.
Menschen werden immer nur einen Teil davon geben können.

Deshalb sollte dieser Bereich unseres Menschseins noch viel mehr gepflegt werden. Gott will mit dem Menschen sprechen, mit Ihnen. Er weiß auch, in welchem Bereich Sie gerade Mangel leiden, verzweifelt sind und vielleicht in Versuchung stehen, falsche Entscheidungen zu treffen.
Sie liegen Gott buchstäblich am Herzen. Alle Sehnsucht, die Sie als Mensch fühlen können, will dieser Gott stillen, der uns in Jesus Christus ganz nahe kam.
Jesus Christus sagt: Ich will euch Leben und volle Genüge geben.
Das soll kein billiger Trost für den Mangel sein, den Sie gerade durchmachen.

Es ist vielmehr ein Angebot, das Ihnen Jesus Christus vorlegt.
Probieren Sie es wenigstens aus!

Herr Jesus Christus, hier bin ich,
am Ende mit meiner Liebe, die ich für einen Menschen eingesetzt habe.
Hier bin ich mit allen guten Vorsätzen, die ich einmal hatte.
Da stehe ich mit meiner Einsamkeit und Verzweiflung.
Ich habe alles versucht. Aber es hat nichts geholfen.
In mir ist solch ein Mangel, dass ich schreien könnte.
Ich bin am Ende, leer, ausgebrannt.
Bitte komm zu mir und schenk mir deine Nähe.
Lass mich spüren, dass du da bist.
Fülle meine brennende Leere aus.
Wo ich auf falschem Weg bin, führe mich heraus.
Wenn ich schuldig geworden bin, bitte vergib mir.
Zeige mir einen Weg aus diesem entsetzlichen Dunkel.
Ich werfe mich in deine Arme und bitte dich,
erbarme dich über mich.

Je mehr uns bewusst wird, wie sehr Gott uns persönlich wertschätzt, umso mehr kann dieser Bereich unserer Persönlichkeit heil werden. Gott gab uns seinen einzigen, geliebten Sohn. Er riss ihn sich buchstäblich vom Herzen, um uns das ungeheure Angebot zu machen, in Ewigkeit bei ihm sein zu können. Auf diesen Jesus Christus legte er die ganze Last der Welt, damit wir an dem Schmerz und der Schuld, die auf unserem Leben liegt, nicht zugrunde gehen sollen.
Ich möchte, dass Sie wissen, dass es Gott den Tod seines Sohnes gekostet hat, um Sie persönlich zu erlösen. In keiner Religion auf der ganzen Welt gibt es sonst solch eine Zuneigung Gottes an den Menschen, solch einen gewaltigen Liebesbeweis.

Ich wünschte mir, es Ihnen persönlich zu sagen:
Sie sind von Ewigkeit her geplant. Gott wollte, dass es Sie gibt. Aus Liebe hat er Sie erschaffen. Ihre tiefe Sehnsucht nach Geborgenheit ist Gottes liebender Ruf, Ihnen begegnen zu wollen.

Was Menschen aus Ihnen und mit Ihnen gemacht haben, die Ihnen Böses zufügten, war nicht Gottes Plan für Ihr Leben. Satan, Gottes Gegenspieler, versucht Menschen zu zerstören, indem er zerstörte Menschen dazu benutzt. Er benutzt Verletzungen, damit Sie nicht nur an Menschen, sondern auch an Gott verzweifeln sollen. Doch Jesus Christus ist gekommen, um Sie heil zu machen. Er liebt Sie mit dieser Liebe, die Sie bei Menschen gesucht und nie vollkommen gefunden haben.

Finden Sie neu Ihre Identität in Gott. Für Ihn sind Sie einzigartig und wertvoll.

Der Wunschkatalog

Wünsche einer Frau

Ich wünsche mir von dir, lieber Mann,
dass du mir zuhörst.
Meine Ohren sind das Tor zu meinem Inneren.
Indem du dich mir zuwendest, erreichst du mein Herz.
Ich brauche auch tagsüber deine Umarmung, nicht nur im Bett.
Sonst fühle ich mich nur benutzt.
Am tiefsten kannst du mich berühren,
wenn du meine Gefühle ernst nimmst,
dich von meinen Tränen nicht abwendest.
Wenn du mir Zeichen deiner Wertschätzung zeigst,
fühle ich mich als ganzer Mensch angenommen.
Wenn ich spüre, dass ich dir wichtig bin,
fühle ich mich wie eine Blume,
die sich für das Licht öffnet.

Wünsche eines Mannes

Liebe Frau,
ich wünsche mir, dass du auf Abmachungen achtest.
Sei pünktlich, wenn wir einen Termin ausgemacht haben,
sonst fühle ich mich nicht ernst genommen.
Wenn du Dinge zusagst, achte darauf, sie zu erledigen.
Kritisiere nicht nur, lobe mich auch.
Zeig mir ab und zu, dass du mich begehrst
und gerne für mich Heimat bist.
Das nimmt mir das Gefühl, immer nur etwas von dir zu wollen.
Eigentlich will ich dich mit meiner Sexualität beschenken.
Es sind nicht nur Triebe, sondern ich spüre Sehnsucht
nach deiner Nähe und will dir meine Liebe zeigen.
Wenn du dann abweisend reagierst,
fühle ich mich als ganzer Mensch von dir abgelehnt.
Sag Ja zu mir, auch wenn ich unvollkommen bin.

Der Wunsch Gottes

Geliebtes Menschenkind,
in jener Nacht, als dein Vater und deine Mutter zusammenkamen,
war auch ich da, denn ich bin der Schöpfer allen Lebens.
Ich wollte, dass es dich gibt, dich einmaligen Menschen.
Als mit vier Wochen dein kleines Herz schlug,
habe ich über dir gewacht.
Ich war da, als du geboren wurdest,
und freute mich über deinen ersten Atemzug.
Durch dein ganzes Leben habe ich dich begleitet,
mich mit dir gefreut, mit dir gelitten.
Auch heute bin ich da und sehe deine Verzweiflung.
Ich will dich einfach wissen lassen, dass ich da bin.
Auch wenn du es nicht fühlst, so bin ich doch da.
Es gibt einen Weg. Vertrau dich mir neu an.
Es gibt einen Weg, auch wenn du noch keinen siehst.
Ich wünsche mir dein Herz.

Literaturempfehlung

Carothers Merlin & Merlin R.: Erneuert euer Denken. Asaph GmbH 2000
Chapman Gary: Die 5 Sprachen der Liebe. Francke Buchhandlung GmbH 1994
Penner Joyce & Clifford: Meine Liebe schenk ich dir. Edition Trobisch 2001
Heil Ruth: Ganz fraulich, ganz vertraulich. Edition Trobisch 1998
Heil Ruth: Es kann noch besser werden. St.-Johannis-Druckerei 1998
Heil Ruth: Ich versteh dich einfach nicht. St.-Johannis-Druckerei 1998
Heil Ruth: Mit 40 fängt Frau an zu leben. Edition Trobisch 1998
Heil Ruth: Von der Freiheit, eine Frau zu sein. Edition Trobisch 2001
Herold Sabine: Wenn der Schmerz ein Ende nimmt. Eine Frau bewältigt den Missbrauch. Brockhaus 2004
Müller Harry: Eheseminar mit Pfiff. Hänssler Verlag 1999
Naegeli Helene: Ich wurde missbraucht. Verlag Urs-Heinz Naegeli 2004
Sandford Paula: Du kannst heil werden. Projektion J Verlag GmbH 1998
Twombley Kay: Wo warst du, Gott? Heilung nach emotionalem, körperlichem oder sexuellem Missbrauch. R. Hassmann Verlag 2002
Weele Teo van der: Schluss mit dem Schweigen. Edition Trobisch 2001